岸本齐史
火影忍者
NARUTO
3
第四部

图书在版编目（CIP）数据

火影忍者/岸本齐史　著. 东立出版社，2009.12
ISBN 7-80595-20-2
I. 火…　II. 岸…　III. 卡通漫画
中国版本图书馆CIP数据核定（2009）第00080号

火影忍者　第4部③

原著者：岸本齐史

翻译·设计：白泉

责任编辑：王峰

封面设计：亚凡

出版发行：东立出版社

版次：2009年12月第1版

开本：850×1168毫米

印数：1-5000册

书号：ISBN7-8058-203-4/J·313

!!?
終究還是出現了…
!?
嘔嘔嘔
嘎啊——!!
!!
他利用瞳術對鳴人做了什麼!?
鼬的術改變了戰局!!
NARUTO
第550話:別天神!!
岸本齊史
嘔嘔嘔嘔呃呃呃!!
嘎啊——!!
為……為什麼會從我嘴裡跑出…一隻烏鴉…
咳咳
咳咳
咳咳
!!
剛才你跟我說你一直把佐助當做親兄弟一般看待
那麼好,我問你一句
如果真的有那麼一天佐助前去襲擊木葉
你到那個時候
你準備作何打算?
到時候你會選擇擋在他的身前阻止他嗎?
就算殺掉他也要阻止他嗎…
我記得…那個時候…
鳴人!是『天照』
這是……!
現在將我的力量分一部分給你
我希望…這份力量永遠都不會被使用到
去吧
!
神羅天征
可惡!又不由自主地!
彈開
……
這是怎麼回事?
什麼!!?
!!?
……!?
!?
難道不是"天照"?
……
!!?

!?
看來還是出現了…
…怎麼回事？
天照!!
!?
嘎嗷嗷嗷嗷!!
嗚哇!
咕!
跳
嗯？…我居然躲開了天照？
嘎嚕嚕嚕嚕…
那祇烏鴉…是你的吧
你對那祇烏鴉動了什麼手腳？
我太小看你了…!
宇智波鼬…你果然非等閒之輩!
連穢土轉生你都能…
看來進展得很順利…
天照!!
啊啊……
原來如此…
跳
咕嗷嗷!!
嗚哇!過來了!!
冷靜點…現在我並沒有被操控
我對敵人的忍術施加了新的幻術
因此現在穢土轉生已經被我抑制住了
這個幻術叫做『守護木葉』!
!?
那祇烏鴉……是呼應我的萬花筒寫輪眼才跑出來的
這是為了以往萬一
到底怎麼回事？

那隻烏鴉的左眼是…
他的眼睛…!
能…能引發這種奇跡的幻術只有一個
宇智波止水的萬花筒寫輪眼
最強幻術"別天神"!
恢復
我也借這個幻術脫離了控制
不過看來萬花筒也差不多消耗完了
宇智波止水…?
宇智波最強的幻術忍者……瞬身止水?
止水的瞳力能讓被施術者在不知不覺間被控制,是最強的幻術
『守護木葉』
我把這個幻術植入止水的眼睛裏
再將他的眼睛裝在烏鴉的左眼上,最後交給了你…鳴人
但是我沒想到這個機關會被用到我自己身上
…爲什麼你要把那祇眼睛交給我呢?
……
自我犧牲…在暗中維護和平,做一個無名之忍…
這才是真正的忍者
止水是這麼教導我的
止水將左眼託付給我告誡我要為了村子的和平來使用它
并且讓我對眼睛這件事保密
之後他爲了避免別人搶奪他的眼睛而引發鬥爭,他假裝自毀眼睛讓自己從這個世界消失
我答應了他的請求
止水最後跟我見面的時候已經是被團藏挖走右眼之後的事了…
我最後決定將這只眼睛交給堅決守護木葉的你
…要是佐助對村子產生威脅的話…
他的立場就與你相對,他所作的事就違背了止水的願望
而能夠讓他回心轉意的人就衹有你
……
你把佐助當成兄弟
那麼能夠阻止佐助的人應該就只有你才行了吧
如果他…想要得到真正的萬花筒寫輪眼的話,
那他一定會選擇移植我的眼睛
到那時候那祇烏鴉就會呼應我的眼睛從而出現
然後他會向佐助施加『別天神』佐助就會開始『守護木葉』
這是我的本意…
……
為什麼不從一開始就用止水的眼睛對佐助施加幻術呢!?
我不是不想…而是那麼做沒有辦法
那時想要再發動止水的萬花筒需要再等數十年
因為我沒有千手柱間的查克拉
……
另外…我本來還想利用自己的死讓佐助幫我做一些事…

神羅天征！
……
鼬…
謝謝你對我的信任
你不必再擔心了……
你為了村子已經做得夠多了
接下來就交給我吧
我會守護木葉！
但是我也會選擇在不殺佐助的前提下阻止他！
……
呵呵…連止水的眼睛都出現了
真是天助我也
看來我的運氣是越來越好了
弟弟……
能交到你這樣的朋友真是他的福氣啊
!!
神羅天征!!
人在哪？
雷犁熱刀!!!
餓鬼道！
居然把我的查克拉給吸走了？
!
怎麼會讓你
輕易得逞
你這笨蛋♪
你這混蛋♪
!!

比大叔
你沒事吧!?
!?
吸
人間道!
這是什麼!!
長門
恢復成完全體…!!
NARUTO ーナルトー
NO.550
完
1247

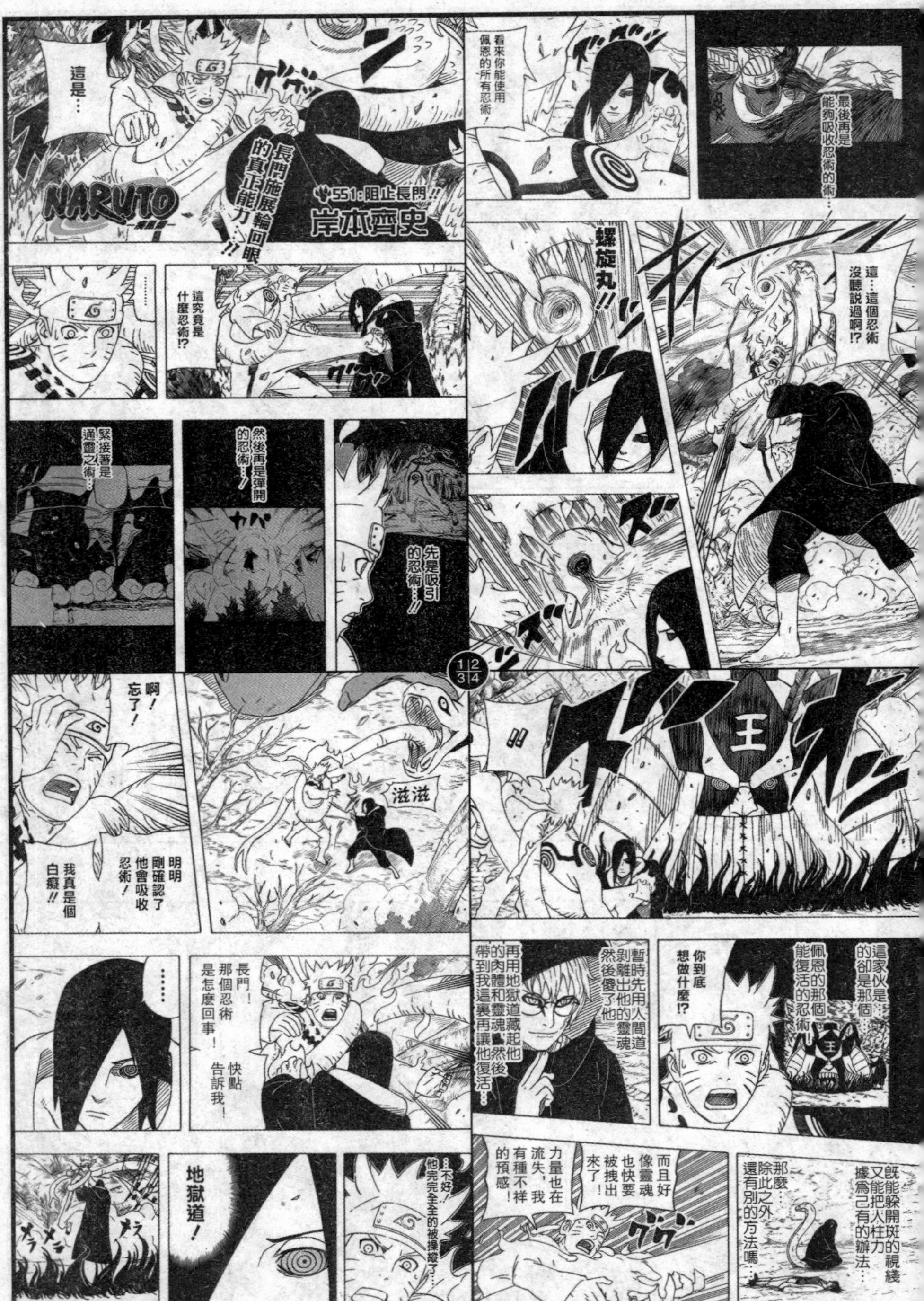
這是…
長門施展輪回眼的真正能力…!!
NARUTO
551:阻止長門!!
岸本齊史
這究竟是什麼忍術!?
……
先是吸引的忍術…!!
然後再是彈開的忍術…!
緊接著是通靈之術…
最後再是能夠吸收忍術的術…!
看來你能使用佩恩的所有忍術!
這…這個忍術沒聽說過啊!?
螺旋丸!!
!!
啊!忘了!
滋滋
明明剛確認了他會吸收忍術!
我真是個白癡!!
長門!那個忍術是怎麼回事!快點告訴我!
……
…不好!他完完全全的被操縱了…
地獄道!
這家伙是那個的卻是佩恩的那個能復活的忍術…!
你到底想做什麼!?
暫時先用人間道剝離出他的靈魂然後傻了他
再用地獄道藏起他的肉體和靈魂然後帶到我這裏再讓他復活…
既能躲開斑的視綫又能把人柱力據爲己有的辦法…
那麼…除此之外還有別的方法嗎…
而且好像靈魂也快要被拽出來了!
力量也在流失,我有種不祥的預感!

修羅道!!
!!
!!?
嗚!!
!!?
還召喚了精心準備的鎧甲嗎!?
滋滋滋滋
滋滋滋滋
!?
咔嚓
咔嚓
插入
嗚咕咕……
!
咔嚓
咔嚓
真是能夠運用多種忍術 忍術一堆交亂飛舞
鳴人 好好想想你是怎麼和九尾拔河的!!
嗚!
叮——
……!

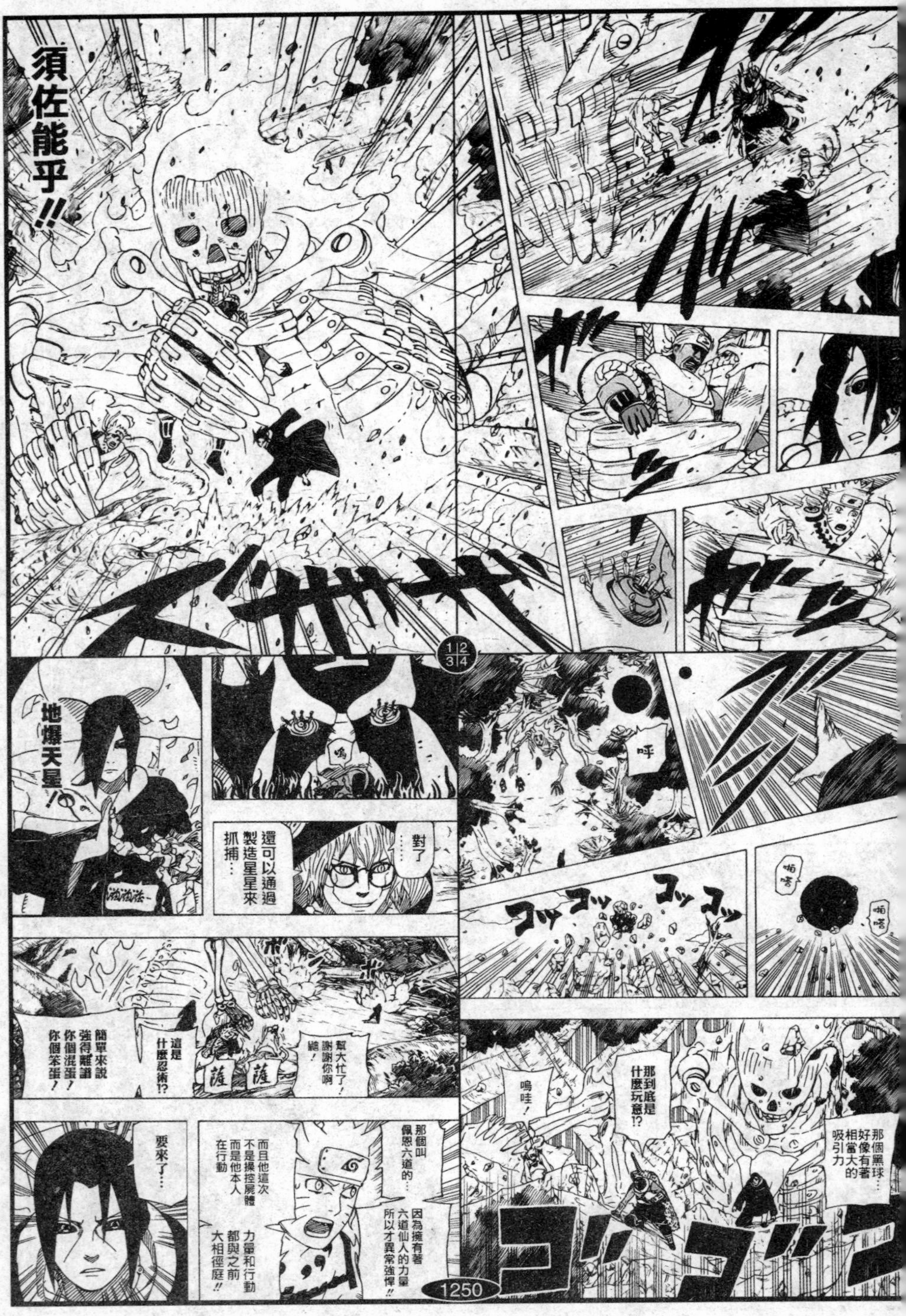

須佐能乎!!
地爆天星!!
嗚
對了……
還可以通過製造星星來抓捕……
呼
啪嗒
啪嗒
幫大忙了!謝謝你啊鼬!
這是什麼忍術!?
簡單來說強得離譜你個混蛋!你個笨蛋!
那個黑球好像有著相當大的吸引力……
那到底是什麼玩意!?
嗚哇!
那個叫佩恩六道的……
因為擁有著六道仙人的力量所以才異常強悍!!
而且他這次不是操控屍體而是他本人在行動
力量和行動都與之前大相徑庭!
要來了……

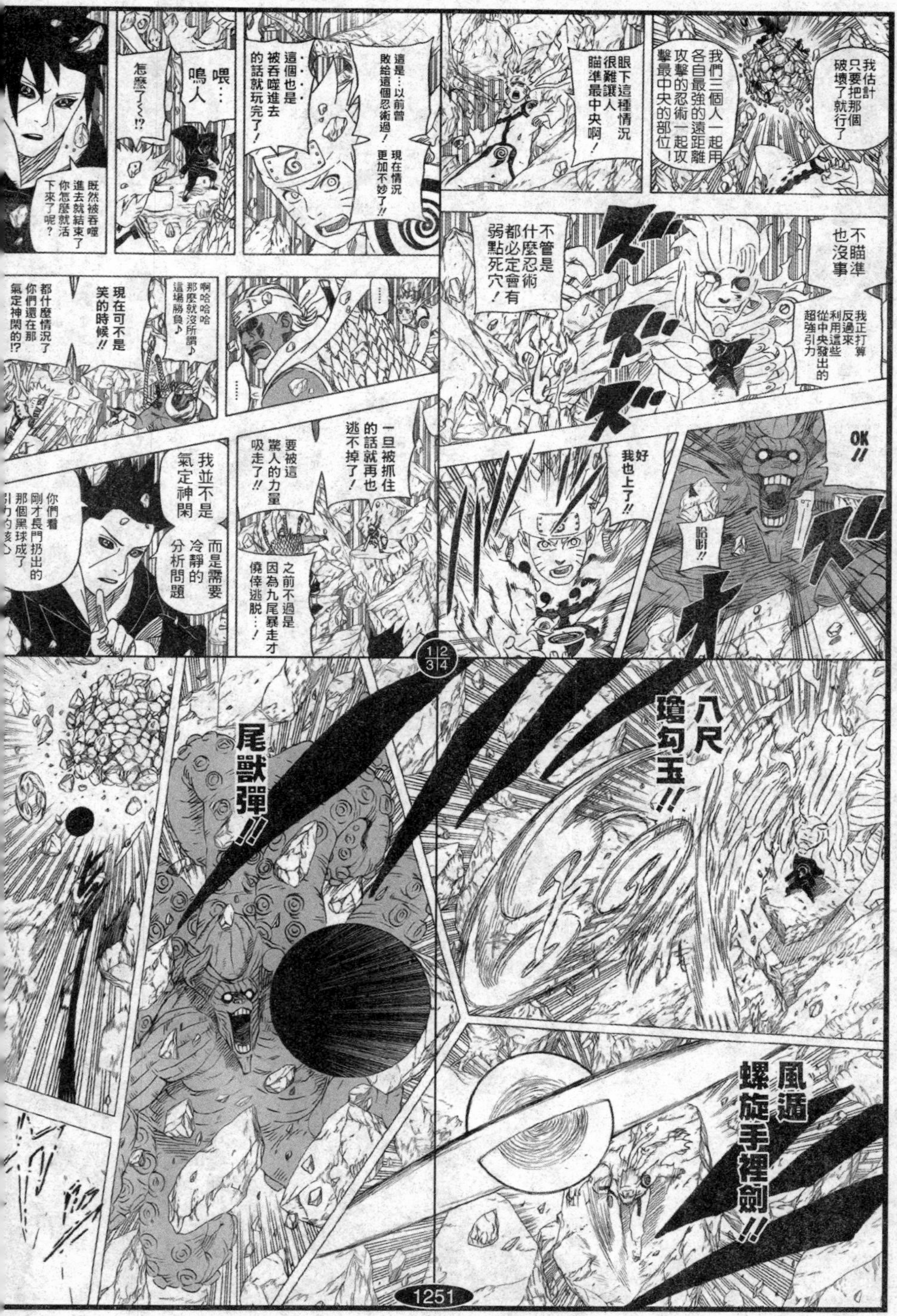
我估計只要把那個破壞了就行了
我們三個人一起用各自最強的遠距離攻擊的忍術一起攻擊最中央的部位！
眼下這種情況很難讓人瞄準最中央啊！
這是…以前曾敗給這個忍術過！
現在情況更加不妙了!!
這個…也是被吞噬進去的話就玩完了！
喂…鳴人
怎麼了〜!?
既然被吞噬進去就結束了你怎麼就活下來了呢？
不瞄準也沒事
我正打算反過來利用這些從中央發出的超強引力
不管是什麼忍術都必定會有弱點死穴！
……
……
啊哈哈哈那麼就沒所謂這場勝負♪
現在可不是笑的時候!!
都什麼情況了你們還在那氣定神閑的!?
OK!!
哈啊!!
好我也上了!!
一旦被抓住的話就再也逃不掉了！
要被這驚人的力量吸走了!!
之前不過是因為九尾暴走才僥倖逃脫…！
我並不是氣定神閑
而是需要冷靜的分析問題
你們看剛才長門扔出的那個黑球成了引力的核心
八尺瓊勾玉!!
尾獸彈!!
風遁螺旋手裡劍!!

……
鳴人……
我要回到師傅那裡去了
一定要讓我看看你的物語……一定……
就我而言的話……你是三部作品的完結篇
……第一部是自來也……堪稱完美……
但是……第二部卻是差強人意的拙作
就如我這般……
連師傅的認可都沒有得到
……
……
這一系列的第三部……就決定是完結篇了！
一定要成為能將之前拙劣敗筆一筆勾銷的最高傑作啊……鳴人！
長門已被封印!!鳴人奔赴下一個戰場…!!
NARUTO
NO.551 本話
ゴゴ
!!
嘶
ゴゴゴゴゴ
對不起……鼬
呲
呲
恢復正常了嗎……
是十拳劍……你馬上就要被封印了……還有什麼話要說麼？
スウ
YONDAIME
四代目火影
HOKAGE
umdc.com

長門被封印!!
戰場的情況也趨於好轉…!!
吸入
再會吧
師兄……
ズズズズズ…
「NARUTO-ナルト-」
NARUTO
-JOJOHOT.COM-
552：成為火影的條件…!!
岸本斉史
!!
……
ゴッ
ズズズ…
再見了……
ズズズズ
門啊…
行動起來果然還是缺少機動性……
本想利用召喚通靈獸通過輪迴眼的共通視角來彌補機動性的不足…
沒想到還是被從死角裡扔出的苦無給擊中了
鼬那高超的手裡劍術!!
不愧是鼬
就算想躲都躲不掉…
……
…這種復活術真的是非常討厭!
逼著我們和不想戰鬥的對手戰鬥……
恐怕戰場的其他地方也是這樣吧？
我去阻止穢土轉生
斑就交給你們了
時候也差不多了…
我也該拿出殺手鐧了……
ブワァァ…

…在來這裡的途中我們也跟被轉生的傢伙交過手
!
……
沙忍已經把那傢伙封印起來了…不過好像不能殺死被轉生的人
這個術是沒有任何弱點的OK?
我剛才已經說過了
任何忍術都必定會有弱點
應該怎麼辦…
不…交給我來阻止!
剛剛我已經說過…之後的事情都交給我!
影分身之術!!
……
ポン
!?
パシュ~
可惡…!
九尾查克拉模式使用過度了…
你還是不要用分身術了鳴人!
不要一個人逞強
穢土轉生由我來阻止!
我自有想法…
…這場戰爭全部都由我來解決!!
全部都由我來承擔就好
…這是我的使命!!
ボフ
……
呼
呼
你確實跟以前不一樣了 但是你有可能因此而忽略了一件很重要的事
你得到了…更強大的力量
!?
……
バサ バサ
……
你會變得跟斑一樣
…聽好了
之前村子裡討厭你的人逐漸開始喜歡你
逐漸開始把你當成朋友
你意識到別人的存在
並且一直設法得到別人的認可
現在你得到了力量就妄自尊大執著於"個人"這樣的話終有一天…
……
你之前說過"多虧了大家我才能走到今天"
無論你變的多強都不要一個人負擔一切…
否則你注定會失敗的
你的父親能夠成為火影
正是因為有你的母親玖辛奈和夥伴們在
…既然你的夢想和你的父親一樣…
…?
那麼你就要牢牢記住

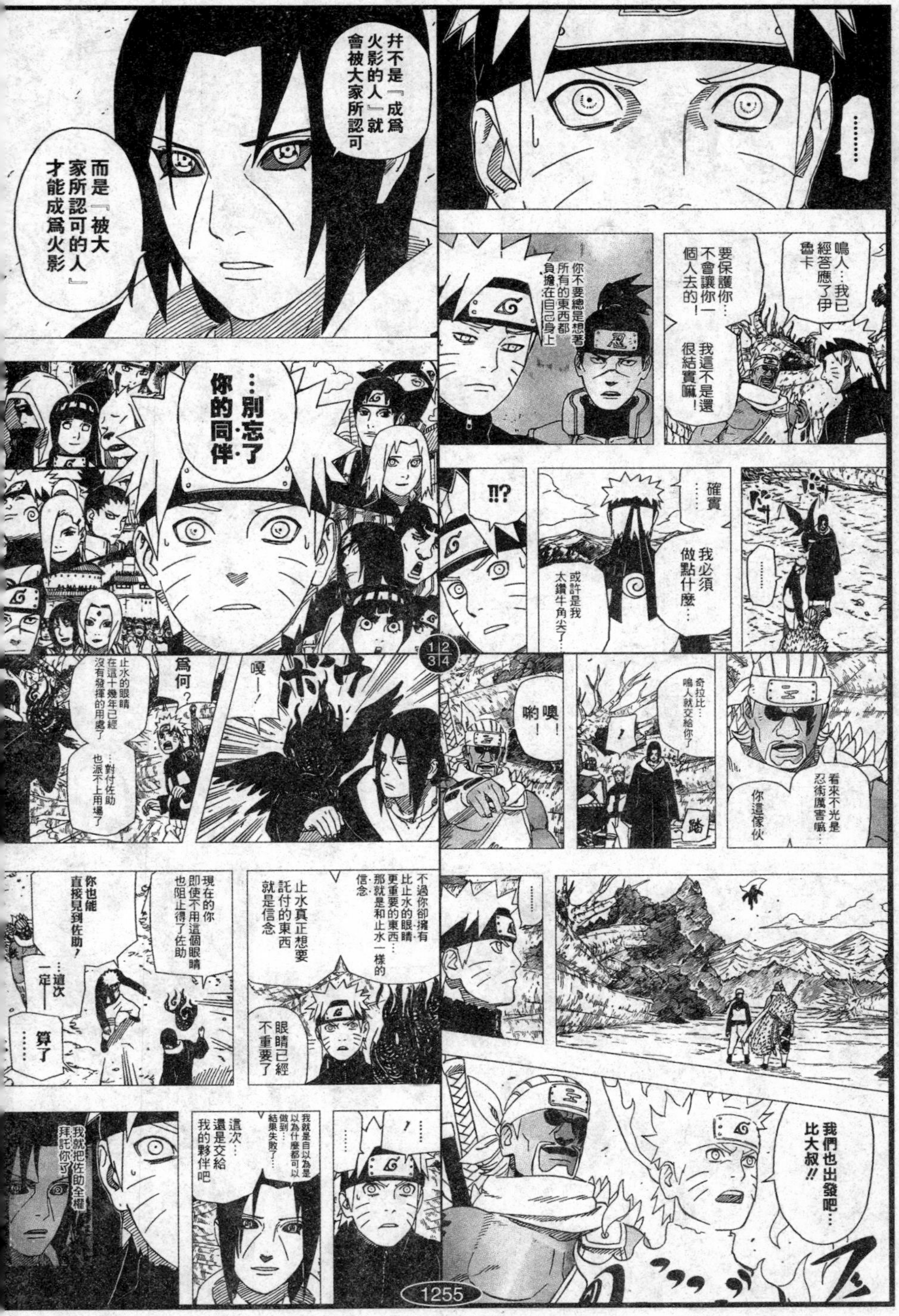
……
并不是『成為火影的人』就會被大家所認可
而是『被大家所認可的人』才能成為火影
鳴人…我已經答應了伊魯卡
要保護你…不會讓你一個人去的！
我這不是還很結實嘛！
你不要總是想著所有的東西都負擔在自己身上
…別忘了你的同伴
……
確實……
我必須做點什麼…
或許是我太鑽牛角尖了…
!!?
看來不光是忍術厲害嘛…
你這傢伙
奇拉比…鳴人就交給你了
！
踏
噢！
喲！
嘎—！
為何？
止水的眼睛在這十幾年已經沒有發揮的用處了
…對付佐助也派不上用場了
……
不過你卻擁有比止水的眼睛更重要的東西…那就是和止水一樣的信念
止水真正想要託付的東西就是信念
眼睛已經不重要了
現在的你即使不用這個眼睛也阻止得了佐助
你也能直接見到佐助！
…這次一定—
……算了
我們也出發吧…比大叔!!
！
我就是自以為是以為什麼都可以做到…結果失敗了…
這次…還是交給我的夥伴吧
我就把佐助全權拜託你了

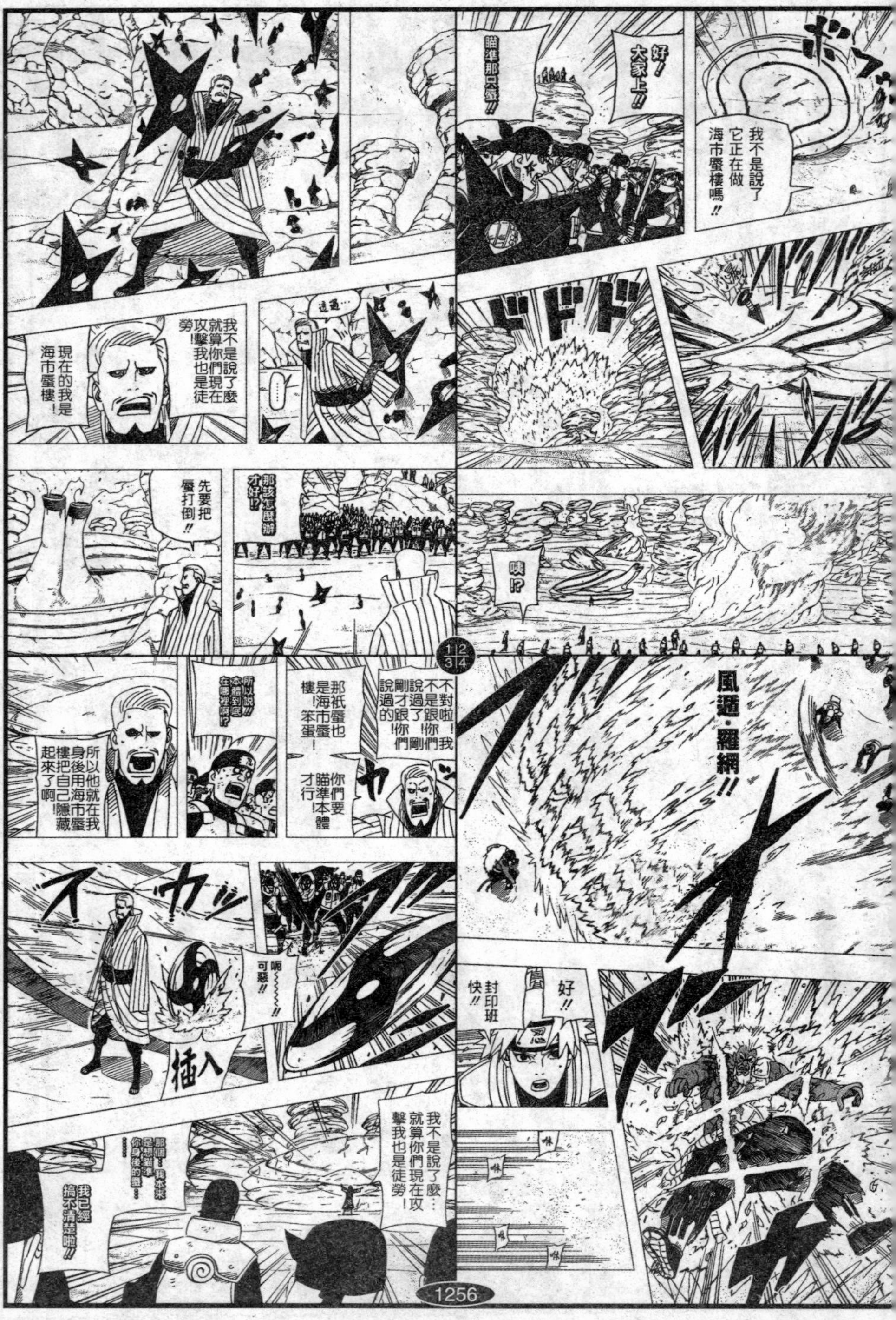
這這…
……
我不是說了麼就算你們現在攻擊我也是徒勞!
現在的我是海市蜃樓!
那該怎麼辦才好!?
先要把蜃打倒!!
我不是說了它正在做海市蜃樓嗎!!
好!大家上!!
瞄準那只蜃!!
咦!?
所以說!!本體到底在哪裡啊!?
不不對!你們剛說的跟我剛才說的不過是跟了!你們過啦!
那是海市蜃樓!笨蛋!
你們要瞄準本體才行!
所以他就在我身後用海市蜃樓把自己隱藏起來了啊!
呃~~~~~可惡!!
插入
我不是說了麼…就算你們現在攻擊我也是徒勞!
那個…我本來是想瞄準你身後的蜃……
我已經搞不清楚啦!!
風遁·羅網!!
好!!
封印班快!!

後面！
土影！
!
居然…
在這種時候！
!!!
グキ
咕
著陸
塵遁
原界剝離之術！
キキン
!!
那是!?
終於來了嗎？

NARUTO
火影忍者
鳴人與我愛羅首次在同一戰線…!!
553: 抵達主戰場!!
岸本齊史
!!
我愛羅!! 砂——!!!
ズズズズズ
惑星螺旋丸!!!
與抵達同時來到的一擊!!
是鳴人嗎!?
可惡!!
無人可是感知型忍者啊!
「NARUTO-ナルト-」
利用砂子作為根基進行的反擊嗎…原來如此啊
快躲開…我的忍術發動得要更早一點
看招!!
!!
漂亮
伸長…

嗚嗚…
這個是混亂迴旋…
啦啊啊!!!
螺旋丸!!!
這樣子已經是重到連手都抬不起來了吧
痛痛痛
厭惡其他村子的你啊……不照樣能夠很完美的和他們配合合作的嗎…
我畢竟也活了很久了…
還是很樂於看到變化的
當心點我…
土遁 加重岩之術!!

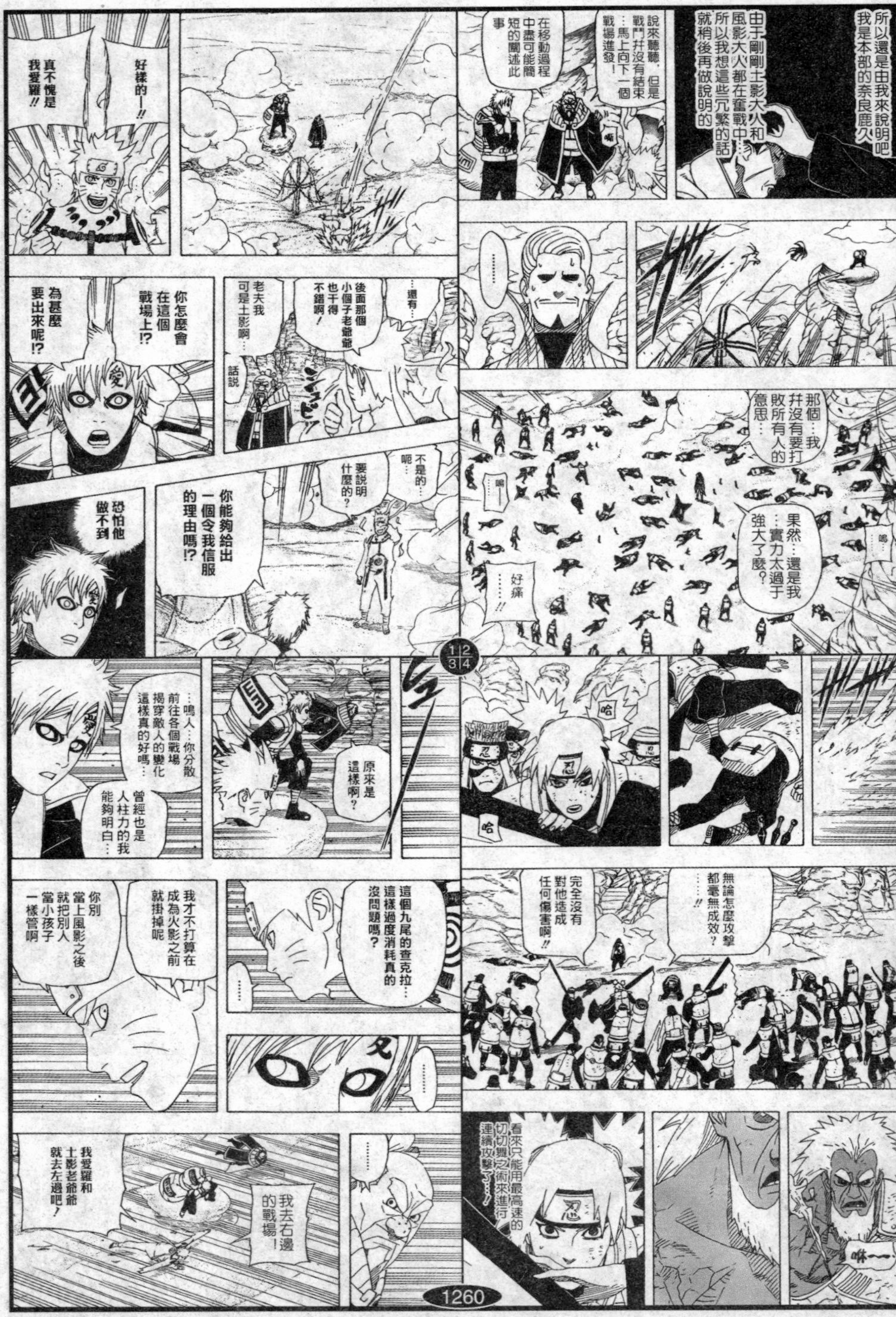

好樣的——!!
真不愧是我愛羅!!
…還有…
後面那個小個子老爺爺也干得不錯啊!
老夫我可是土影啊…
話說
你怎麼會在這個戰場上!?
為甚麼要出來呢!?
不是的…呃…
要說明什麼的?
你能夠給出一個令我信服的理由嗎!?
恐怕他做不到
所以還是由我來說明吧 我是本部的奈良鹿久
由于剛剛土影大人和風影大人都在奮戰中…所以我想這些冗繁的話就稍後再做說明的
說來聽聽，但是戰鬥并沒有結束…馬上向下一個戰場進發!
在移動過程中盡可能簡短的闡述此事
……
那個…我并沒有要打敗所有人的意思…
果然…還是我…實力太過于強大了麼?
嗚…
嗚…
好痛……!!
原來是這樣啊?
…鳴人…你分散前往各個戰場揭穿敵人的變化這樣真的好嗎…
曾經也是人柱力的我能夠明白…
這個九尾的查克拉…這樣過度消耗真的沒問題嗎?
……
我才不打算在成為火影之前就掛掉呢
你別當上風影之後就把別人當小孩子一樣管啊
……
……
我去右邊的戰場!
我愛羅和土影老爺爺就去左邊吧!
哈
哈
無論怎麼攻擊都毫無成效?……!!
完全沒有對他造成任何傷害啊!!
咻——
看來只能用最高速的切切舞之術來進行連續攻擊了…!

為了能夠讓同伴順利逃脫…他孤身一人作為誘餌與一萬敵軍鏖戰
為了爭取足夠的時間讓同伴脫身傳說他奮戰三天三夜都未曾倒下…
!!
嘶
…是土台嗎……?
咕
在召喚那個傢伙的時候
不先用這傢伙來爭取時間的話…
ビクン
!
…是…
三代目雷影大人不僅僅擁有速度、力量,更是一位异常抗打的優秀忍者…
唯一能夠對三代目造成傷害的具有決定性作用的遠距離風遁攻擊偏偏又是我們欠缺的…
…需要一位更強大的風遁使用者
畢竟是我在操控…
說實話這個聯合軍里在我之上的風遁使用者…
我也是個不錯的風遁使用者啊…
…到底怎麼樣才會死啊那傢伙…?
……
ゴゴゴ
住手啊!!
為甚麼會變成這樣!!?
!?
有!!!
!!!
……!?
嗚啊啊啊啊啊啊…
ボウウウ
在外面試試嗎…
ゴゴ
就是我!!!

這雙眼睛
在黑暗之中…也能
看得一清二楚…
ドクン
彼此吸引的光明與黑暗!!
擁有了永遠的萬花筒
寫輪眼的佐助會…!?下回!!!
シュル
NARUTO－ナルト－
NO.553
本話完

匣に囚われた無垢を救えるか!!?
匣から現れた
無垢に異変!
あの匣をぶっ壊しゃ
あいつも正気に戻るかも
しんねえ!
ナルトは仙人モードで
"さとり"に挑む!!
劇場版NARUTO－ナルト－
ブラッド・プリズン
Blood Prison
まだ観ていないキミ!!
劇場へ急げ!!

NARUTO
火影忍者
英雄・鳴人VS豪俠・先代雷影!!
天啊!? 那個是鳴人!?
怎麼變成這模樣了!?
……這感覺 用的是風遁 是螺旋丸的進化版嗎?
這個忍術 只要擊中的話 就能贏了!!
554:螺旋手裡劍的極限…!!
岸本齊史
嗖…
!!
那種程度的攻擊還不行啊!
那層雷電外衣…
我明白了!! 被稱為雷影的大叔們都擁有極快的速度啊!
嗖
原來一開始就是瞄準那裡進攻的啊……!

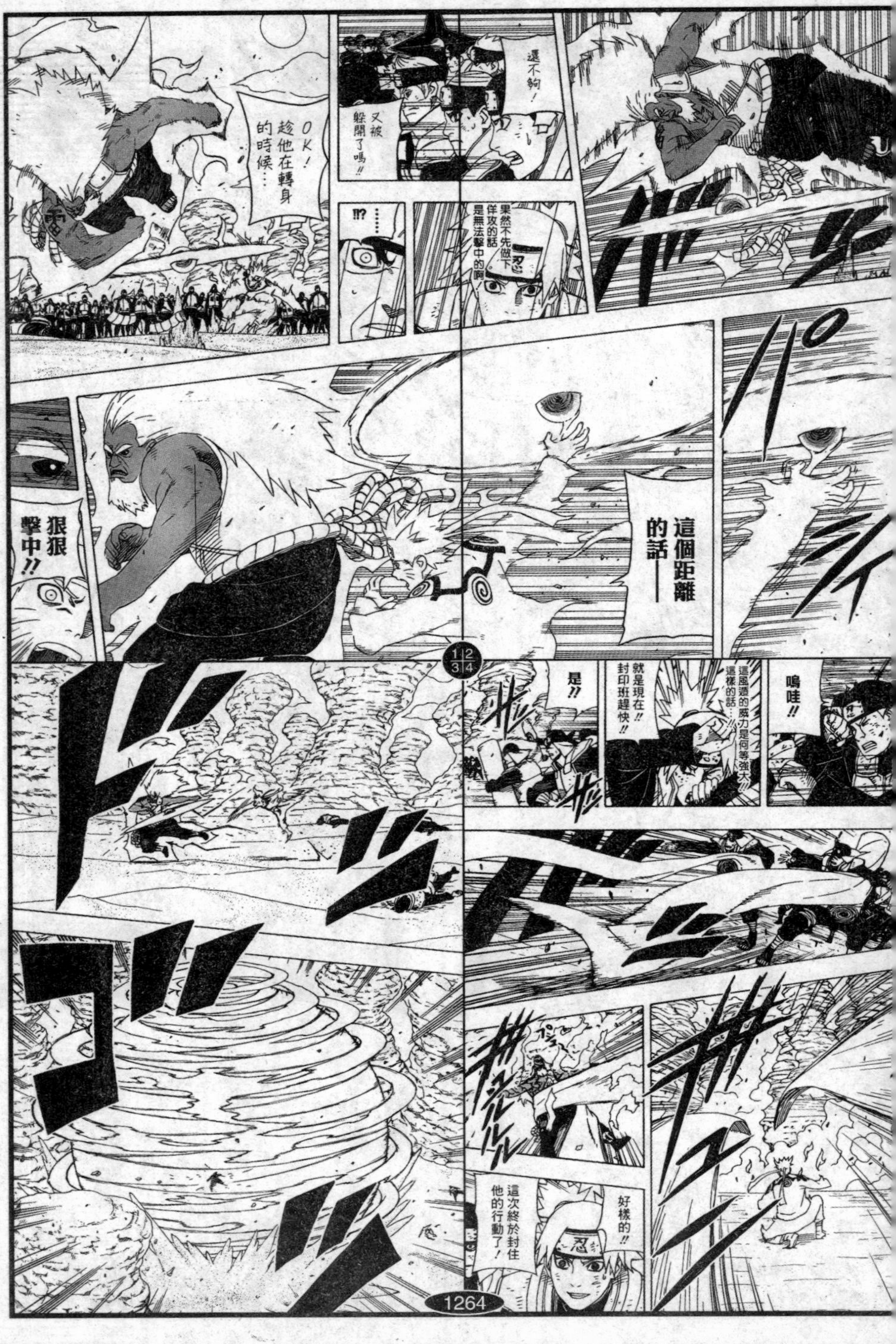
還不夠!
又被躲開了嗎!!
果然不先做下佯攻的話是無法擊中的啊!
!!? ……
OK! 趁他在轉身的時候……
這個距離的話——
狠狠擊中!!
嗚哇!!
這風遁的威力是何等強大!! 這樣的話……
就是現在!! 封印班趕快!!
是!!
好樣的!!
這次終於封住他的行動了!

嗚——……
騙人的吧…螺旋手裡劍居然完全無效…！
剛剛開始雷影大人的眼神就變了……
…已經完全處於被操控的狀態了……
爬出
!!?
什…什麼!?
……！
!!
!?
那是!?
嘶
所有人都快離開雷影大人身邊!!
土遁忍者立刻準備發動土牆!!
…三代雷影
…果然是驚人的強大啊…
弟兄們!!把牆連起來!!
土遁・萬裡土流壁!!
好痛！
熔遁・護謨壁!!
快散開!!
嗚哇!!
到這來鳴人!!

各位趁現在盡可能得離遠點!!
不!!既然知道他會從哪進擊那么就瞄準那一點集中力量進行攻擊!!
所有人都作好準備!!
住手!!都按雲忍所說的去做!!
嗚哇!
嘶
怎麼回事啊!?
是三代雷影的最強忍術!!
地獄戳刺·四指貫穿手!
先將雷屬性的查克拉纏繞存儲在指尖上然後再突刺出去……!
突刺技術和雷遁在屬性上十分匹配
……
和卡卡先老師雷切
還有佐助的千鳥很相似…
變成三指貫穿手了…
那忍術到底是什麼玩意 僅僅一人就在一瞬間把幾十個人強的離譜…給…
隨著所用手指數量的減少力量會漸漸全都集中到一點上
成為三代雷影最強的矛!
此外能夠承受一切忍術的結實的肉體
將成為最強的盾
……那大叔他還算是個人嗎?
據説他活著的時候是唯一一個能以凡人之軀和尾獸單挑的人
……
實…實在是太厲害了被稱爲雷影的人…
呀啊啊啊!
嗚哇啊!!
可惡!!
……
這群蠢貨…!
!!
呀啊啊!
…!

那也就是說八尾被打敗了？
就說是一生的恥辱，也沒告訴任何人理由……甚至連四代雷影都不知道
關於那個傷他什麼也沒有說
……!!
嗯!?
發現什麼了!?
那個…又是怎麼一回事呢!?
你指什麼!?
你看…那裡…
バッ
說起八尾桑的話
胸前的那道傷疤……!
既然是被稱為最強盾牌的肉體…那麼那道傷疤又是怎麼來的呢!?
尾獸彈!!
ズヴィイイイ
能否成功!? 修行的成果!!
就連我的螺旋手裡劍都沒能造成任何傷害啊!!
……那個啊
曾經三代雷影在八尾暴走時讓所有人都逃走獨自一人留下將其制伏了
就是在那時留下了那道傷疤…
NARUTO ナルト
NO.554
下回 下周，VS先代雷影的決戰!! 還有我愛羅和土影進展如何!?

Rivals Forever

NARUTO
尾獸彈失敗…!?
嗚哦!!
555:矛盾
岸本齊史!!
…不可能完成的…!!
果然啊…
可惡!!
果然還不行啊…!
查克拉外衣消失了…!果然太勉強了
怎麼了!?怎麼回事!?
這…這感覺是怎麼回事?
難道鳴人的忍術又發生什麼了嗎?
這…這是和八尾一樣的尾獸彈!!
竟然能保持人型弄出如此沉重的查克拉球!這種事真是…
嗚咕咕咕……
嗚啊啊啊啊!!!
螺旋手裡劍無效的世界…
嗚哇!!
!!
!!
連三本貫手都用上了啊…
是想一拳就讓我們都喪命啊
手鞠大人!!敵人突入聯合軍內部已經有許多負傷員了!!
大家趕緊去帶回受傷人員!!輪流帶到醫療隊去!!
此外向他們轉告彼此之間要注意保持距離!!
嗚…
沒事吧!?
用橡膠球的大叔!
我現在有話想對比大叔還有八尾說要怎麼聯絡他們啊!?
先聯繫這裡的聯絡班
讓情報部隊隊長山中亥一和比取得聯繫就行了!
……真是太好了呢
哦哦!!
鳴人!!當心啊!!
誒!?
我也是聯絡班的隊員

趁著三代目雷影在追假的橡膠球的時候趕緊通話！
ズッ
熔遁·護謨玉!!
先假裝用橡膠球包圍我們然後從後面把我拖出來藏到岩石後面…
拉
用橡膠球的大叔也是手腳迅速的忍者啊！
拉出
謝謝你啊橡膠大叔！
這樣就能爭取到和比大叔通話的時間了！
ザッ ザッ
ゴゴゴ
話雖這麼說但很快就會被發現的！
我想并沒有爭取到相當充裕的時間!!
我知道了!!
!!
ズッ
!!!
您是雲影村的土台閣下！…怎麼了!?
鳴人他有話想立刻對比和八尾說現在趕緊和他們取得聯繫！
ジョー
鳴人你說你想和比閣下還有八尾一人通話
他們兩個不在你附近嗎？你們不應該是共同行動的嗎？
……
鳴人好像先行一步了啊!!
你趕緊方便完!!
到底要磨蹭到什麼時候啊!!
我的尿意和我的心意完全迥異♪
現在他又不在我附近…再說…與其說這些還不如趕快幫我聯系他們啊！
快沒時間了！
ビクン
!!
比大叔我是鳴人！
我有事情想直接問八尾…直接讓八尾和我說話吧!!
啪薩
ボヨン

正在解決生理現象要是隨便說話注意力就下降♪
為什麼偏偏在這個時候要交談……
現在是我鳴人！怎麼了？你好像很緊張啊！？
八尾你是不是以前和三代目雷影打過！？
是啊……那是很久以前的事情了他可真是個耐打的人類啊！
……甚至還發生了他僅憑一本霄手這招就切斷了我所有尾巴的事呢……
你是如何在老爺爺雷影的胸前留下那個傷口的！？
誒！？
……是不是我的尾獸彈弄得啊？
不對……到底是怎麼弄得啊？
我們彼此竭盡全力戰鬥在精疲力竭之前就都倒下了啊……
我有點記不清了啊……
……
……
……難道是說……
ダッ
ギン
多謝你了啊八尾！！
ボン
影分身之術！！
怎麼回事！？……和剛剛不一樣了！？
老爺爺雷影已經攻向這裡了……橡膠大叔你先退後
我有件事想試試……
我明白了……
螺旋丸！！
大夥！現在誰都別出手啊！！
封印班都做好准備！
雖說我不知道他想幹什麼但這不就是普通的螺旋丸嗎……！！
那樣能行嗎！？
是
バッ

NAR
嘶
這最強之矛毫無疑問會將鳴人的手腳全廢了
先把他弄個半死不活后帶回來呢…
仙人模式的蛙組手…我這邊的危險感知能力既廣又快！
所以勉強能夠避開你的攻擊…
要好好瞄準…手腕啊!!

我想或許是那個時候他自己的招數打到自己胸口
應該是自己給自己烙上的傷痕
擁有最強的盾牌以及最強的長矛的忍者…
的確也很矛盾啊
看來是三代目的長矛的威力更勝一籌啊…
砂和水的巔峰對決…我愛羅VS先代水影!!
是啊!
我想…擁有忍界最強盾牌的忍者應該是我愛羅!!
喂…
就這點水平嗎…
哈
哈
哈
ボロ
ボロ
NARUTO-ナルト-
NO.555/完
絕對防禦毫無成效…!! 下周、我愛羅的戰略是!?
!!
果然如我所料!!
原來如此…胸口上的那道傷疤是…原來是這麼一回事啊…!
ボロ
ボロ
キュイルルルルルル
好樣的!!幹得好嗚~!!
太好了!
眞虧你能發現啊…!
因爲八尾說了和三代目雷影交戰的時候彼此全力戰鬥在耗盡體力之前就倒下了…

NARUTO -ナルト-
…這些油狀物比水的潤濕力更強…
就算我用沙子防禦也會被這些物質滲透導致崩塌…
你之前是在跟無戰鬥的吧…
畢竟在戰鬥中應當先解決最強的對手是理所當然的
盡管已經把弱點全都告訴他們了這幫家伙還是一事無成啊
我愛羅的『絕對防禦』崩潰…!!
雖然知道了他的弱點但是他實在太強了
556:我愛羅VS.水影!!
岸本齊史
所以你才那樣行動的吧
但現在又如何?怎麼看都是我更強吧!?
再看看他不過是個放在那等死的裹著破布的木乃伊罷了!!
……
我很清楚不能光憑外表判斷一個人的實力…
而你亦很強
哼…
喘
喘
轟
喘
ズリュー
ピチャ
咻
…那個蚌放出的戰場規模的幻術其實是個鏡像你是這麼說的吧?
…也就是說物理攻擊是不會奏效的!
不盡快打倒那只蚌的話會沒完沒了的…
アワ
アワ
啊…!
!!
話是沒錯…但你的沙子…
閒話到此為止…行動才更有說服力…
吵吵
找到你了…
總算是感知到沙子了嗎…
如我所料你會採取防禦措施並漂在空中!
真不知道你在想什麼我作為敵人站在你面前的這一天總算是到來了!
還不趕快提起褲子過來攻擊我!?
キ

……
!!
咻——
啪
在和無大人的戰鬥中用掉了太多查克拉了
暫時是沒辦法使用塵遁了……
……
跳
……沒有別的選擇了
直接沖過去把它給轟成渣算了!!
啪
啪
土遁・拳岩之術!!
真是可悲……
嘭—
就憑你那後背揮出的花拳繡腿根本毫無作為啊大軒磐～～!
!
看你不用塵遁了我猜你是沒有體力了吧?
……
老夫早已不是會被你隨意拎起來的小鬼了!!
土遁・超加重岩之術!!
!!
幻術被解開了嗎……
呼……
!!
呼……
嘎啊啊
!!!
嗷嗷嗷……又來了……
咿——!!老夫的背啪……!!

我知道你仍背負著土影的名號…
唔…
但現在的你不過是個一把破骨頭的沒用的糟老頭！
踏
踏
用後背支撐的拳擊是很強力'但是你力用的太猛了'整個骨頭都散架了吧
!!
指
喂！快逃!!
這可是鬼燈一族的水砲之術啊
在那邊!!
モクモク
快大夥上!!
!
age IS MY DESTINY
看吧白痴！
就說你是個沒用的老頭吧現在…!!
!!
唔哇!!

好的抓住他了！
不！還沒，那個油狀液體把沙子有瓦解了……！
吵吵吵……
啊啊……！
還眞是場有趣的戰鬥啊！
請原諒我……風影！
沙之眼……一直在看着大軒這邊嗎……！
是在和巨蚌鬥的時候悄悄換成了沙分身麼？
挺能幹的嘛！無眉大師的繼承稱號就由你來沒問題吧？
砂暴大葬!!
快使出封印術！
這個量的沙子的話是不會那麼快就瓦解的！
把所有的封印苦無都連起來
很好…使我們贏了！

ドバン
那是什麼啊…!?
又是幻術嗎!?
!!
!!?
這是幻術嗎?
不是幻術…
是將先代
無大人的手燒傷
水影的無限爆破
忍術…
蒸危爆威!
戰狂暴君覺醒!!
嗚哇!!
怎麼!?
!!?
!
……!!
這…難道是…
NARUTO
...CH. 556 / END
師
絆

シュウウウ……
NARUTO
火影忍者
557：蒸危暴威！！
岸本齊史
暴君、狂暴!!!
他變小了……！
水影的真正實力……!!
「NARUTO-ナルト-」
碎
！
碎
碎
冰雹…？
碎
這個可是水影利用體內的水分和油所制造出來的分身啊
雖說體表是仿照小孩的樣子用油脂所做成的體內只有水而已…
油
水
不過它的特征則是即容易加熱亦容易冷卻…
一旦開始行動的話表面的油層會急劇升溫導致中間的水分發生強烈的蒸發現象
油
水蒸气
水
ボコボコ
ボコボコ
這個是爆炸噴發后沖上高空的水蒸氣遇冷凝結而成的冰雹啊！
!?
這…這家伙到底是怎么回事…？
スゥ
這個忍術的另一個特征就是在使用后的一段時間內本體會變得相當虛弱!!
大野木那個臭小子知道的還真夠多的啊
是無郡家伙告訴他的吧
既然不是海市蜃樓的幻術也沒有消失的話
就可以感知到!!
爾后形成水蒸氣爆炸
然后…因為變成了冰雹從而冷卻下來 恢復成原來的形態后準備進行下一次的爆炸
!!
本體在那塊岩石的後面!!
要來了!!
!!
嗖
嗖
比想象中的還快…
嗚啊！
可惡！這個分身太靈活了!!
本體應該藏在別的地方
別把這個分身當成對手要對付的話就要攻擊本體啊！

没事吧!?
總算是找到了!
哎~~喲...偏偏在這個時候老腰又...完完全全動不了了啊......
啊!被發現了?
在冰雹停止前
將你封印
...怎會回事啊這家夥...?
這不是在逐漸變大嗎?
啊啊...果然就和土影大人說的一樣
它活動的越多溫度也就會越高體內的水分也會開始急劇的蒸發
冰雹也停了...很可能又要形成水蒸氣爆炸了!
霹哩
抓住本體了!
!!
霹哩
霹哩
霹哩
霹哩
融化!
喲...
可惡!
滋砰
用來藏匿真身這地方還真是好用啊
我原本也是五影之中的一員
只要有這個油在妳的砂之術就不會起效喲
...不盡快實施封印的話是不行的哦
那麼...!妳們要怎麼做才能把我徹底打倒啊!?
關于這點還真是想向您討教一下啊!
......
我已經不想告訴妳了......
雖說有點不太好意思
明明一直到剛才妳都在配合我們的啊?難道現在打算和我們敵對了嘛?
不是那樣子的!要說我也是原五影之中的一人吶
我會幫你們的不過用別的方法!
...總之到底是要怎麼樣...?

也就是說，如果你們不憑'實力打敗我的話，還不如我這個死人呢！白痴！
就這點三腳貓功夫還能贏敵人的老大嗎！
嗚!!
現在好像就快要爆炸了啊!!
暫時先離遠一點！
虧我還以為找到了五影之中閃光的金子了呢……
風影…！原來你不過是顆頑石啊!?
……！
!!
在那邊!!
咔嘭
咔嘭
……!?
咻〜〜
在保護了所有人的同時，做好了會受傷的覺悟來衝向我的啊！
這是…砂之盾！
是風影大人保護了我們啊！
我愛羅大人在哪裏？
要是不阻止這傢伙的話不管來幾次結果都是一樣的哦！

ズシャ
滋溜…
鏘
嚓
又是砂分身嗎…這也在我的計算之內
ズリュ
冰竟也停了呵…現在才剛剛開始呵！
颯
果然本體就藏在下面啊…
你有什麼打算!? 又要爆炸了哦~~!!!
ドグォン
嘭
空
咔
因為我的分身急速膨脹 所以你錯過了防禦的時機啊！
ド
ボロ
ボロ
以砂子的速度是抓不到的喲 要怎麼…
ツ
!?
滋咻
動作停止了！
那些是…黃金…!?
剛才我的砂分身裡含有砂金…
利用這傢伙的熱量讓金子溶解后相結合…
這小子是把他老爸留下的砂金混進砂子裡動了什麼手腳吧…？
由於金子的重量是水的20倍 所以行動才會變得遲緩
怎麼回事!? 砂子的速度提升了嗎？
但是……
砰剛!!
崩落
崩落

……
所以才會那麼輕易的就被砂子給抓住了啊…!!
但是…為什麼沒能爆炸…?
混合了冰雹后降溫的砂子用來冷卻這東西足夠了
為了冷卻被加熱的水蒸氣使用導熱性良好的金子更是事半功倍
不過…真虧你能想出這種方法…
最後終於做得像現任五影了啊幹得漂亮…
—!
…等一下……!
你果然…
是閃著金光的金子啊!!
年輕的力量…!!
NARUTO—ナルト—
NO.557／本話完

☆與這場激戰相連的另一端——!!祝!!連載12週年突破卷頭彩頁!!
…居然會被逼到如此劣勢…
……不過話又說回來
雖然被封印的是那傢伙的分身…
但是在被鳴人攻擊後，就算是穢土轉生的身體也要花費相當長時間進行再生
ガラ
ガラ
掉落
[NARUTO ーナルトー]
與這場激戰相連的另一端——!!祝!!連載12週年突破卷頭彩頁!!
SASUKE
NARUTO
者的交集
是命中注定!
★戦いは次なる次元へ!! PSP最新ソフト「ナルティメットインパクト」10月20日発売!!
NARUTO ーナルトー
岸本斉史
★最新JC「第五十八卷」11月4日發售!!千萬不要錯過!!
558：兜的王牌…!!

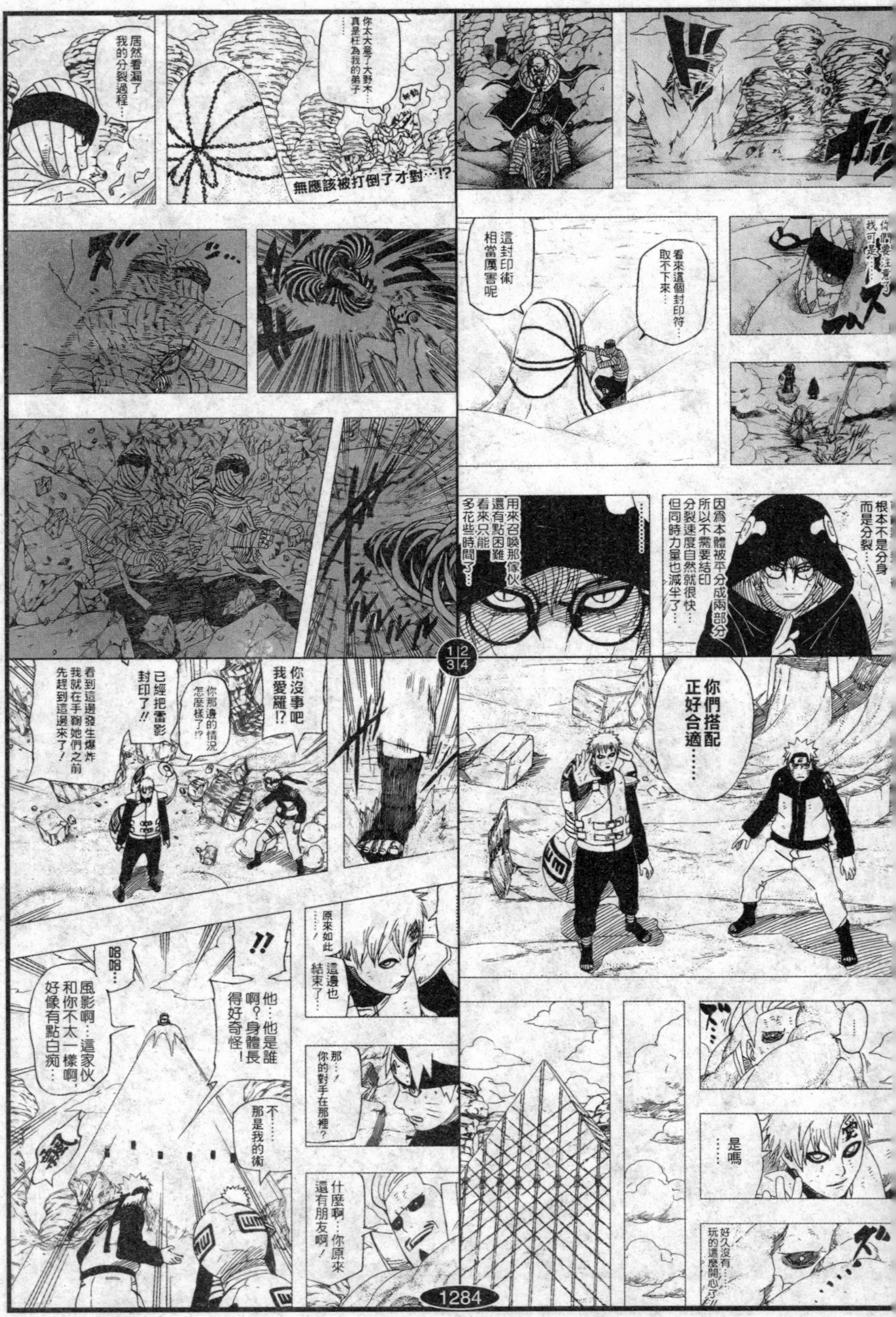
你太大意了大野木……真是枉為我的弟子……
無應該被打倒了才對…!?
居然看漏了我的分裂過程……
你們要注意了我可是……
看來這個封印符取不下來…
這封印術相當厲害呢
根本不是分身而是分裂
因為本體被平分成兩部分所以不需要結印分裂速度自然就很快…但同時力量也減半了…
……
用來召喚那傢伙還有點困難看來只能多花些時間了…
你沒事吧我愛羅!?
你那邊的情況怎麼樣了!?
已經把雷影封印了!!
看到這邊發生爆炸我就在手鞠她們之前先趕到這邊來了!
原來如此……!這邊也結束了…
!!
他…他是誰啊?身體長得好奇怪!
哈哈…
風影啊…這傢伙和你不太一樣啊好像有點白痴
那…!你的對手在那裡?
不……那是我的術
……
什麼啊…你原來還有朋友啊!
你們搭配正好合適……
……
是嗎
好久沒有玩的這麼開心了…

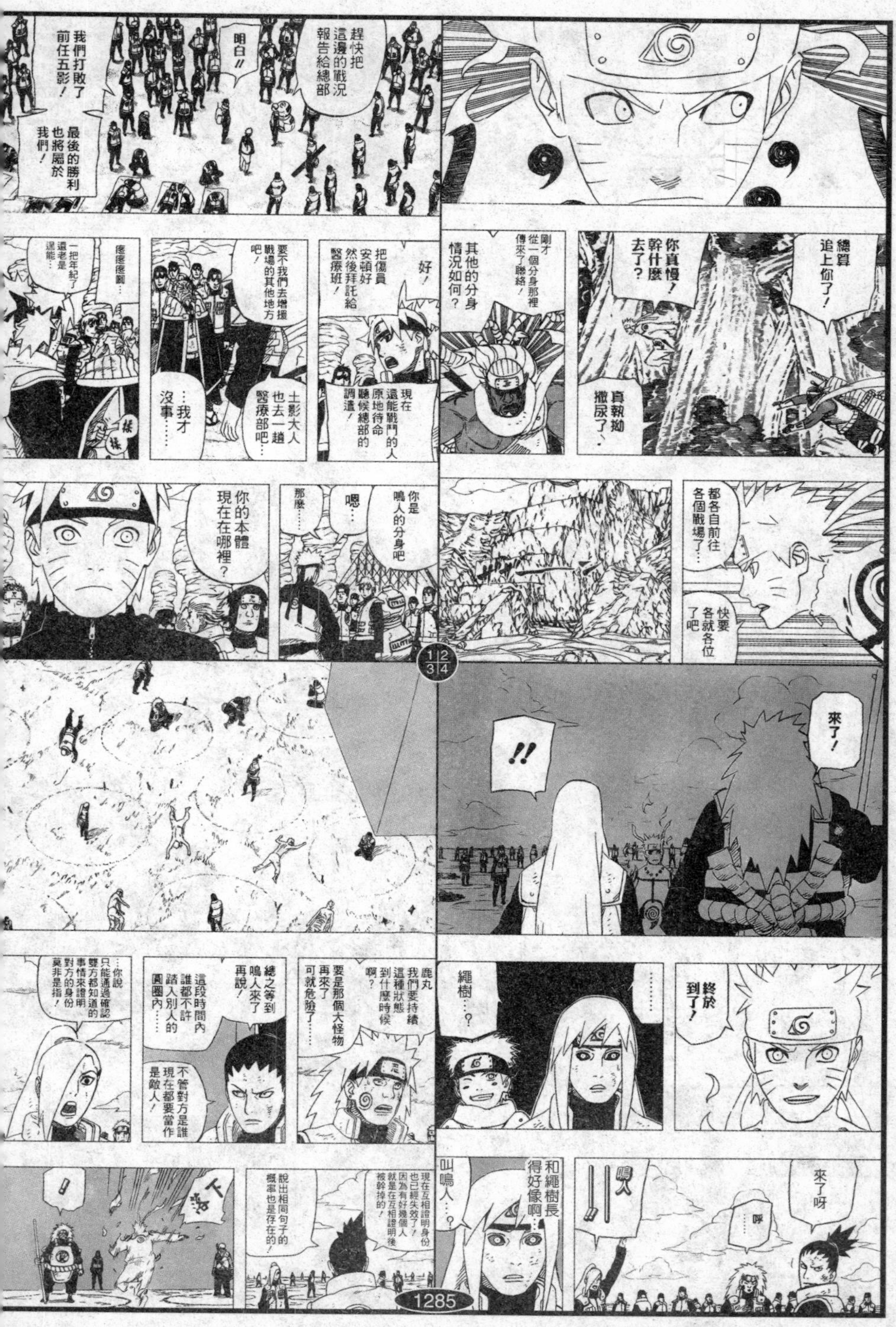
趕快把這邊的戰況報告給總部
明白!!
我們打敗了前任五影!
最後的勝利也將屬於我們!
好!
把傷員安頓好然後拜託給醫療班!
現在還能戰鬥的人原地待命聽候總部的調遣!
要不我們去增援戰場的其他地方吧!
土影大人也去一趟醫療部吧……
……我才沒事……
疼疼疼啊……
一把年紀了還老是逞能……
你是鳴人的分身吧
嗯……
那麼……
你的本體現在在哪裡?
總算追上你了!
你真慢!幹什麼去了?
真執拗撒尿了~
剛才從一個分身那裡傳來了聯絡!
其他的分身情況如何?
都各自前往各個戰場了……
快要各就各位了吧
鹿丸我們要持續這種狀態到什麼時候啊?
要是那個大怪物再來了可就危險了!
總之等到鳴人來了再說!
這段時間內誰都不許踏入別人的圈圈內……
不管對方是誰現在都要當作是敵人!
……你說只能通過確認雙方都知道的事情來證明對方的身份莫非是指!
現在互相證明身份也已經失效了!因為有好幾個人就是在互相證明後被幹掉的!
說出相同句子的概率也是存在的!
落下
!
來了!
!!
終於到了!
……
繩樹……?
來了呀
呼……
鳴人——
和繩樹長得好像啊……
叫鳴人……?

…我要把變化成大夥兒的白色傢伙徹底打倒!!
!!
救救我們!!
不准靠近
怎麼了!?
祇有用醫療忍術他才有救！
我們收到本部傳來的消息！你來得正好！
只是沒想到…雷影大人居然同意放行了…
是綱手婆婆幫我說服了雷影大叔！
她說我在當上火影前是絕對不會死的！
綱手居然這麼看重他…！
那個孩子究竟是誰？
他體內封印着九尾…大人們好像稱他爲人柱力呢…
…他從小就一直胡鬧著說要當上火影是跟我同期的名叫鳴人的笨蛋
…!
既然來了我就要把他們全部找出來!!
所以…
不過…現在他居然如此認真
綱手大人可把一切都賭在他身上了
叫做鳴人嗎…
沒想到現在還有如此像我和繩樹的人啊…
!!
不准過來!!
我說了誰都不准動!!
但是耽誤了時間！他就會死掉!!
……
你們如何證明你們是自己人!?
這是我一生的請求救救他…!!
如果我失信於他那我也要死在這裡！
……
我不能讓我的丈夫死在我的懷裡…!
但是…丈夫他
進來吧…
不行啊！如果…
謝謝你們……!!
ニヤ
ザッ

!!
……
可惡！
不好意思 我來遲了……
鳴人君…？
是鳴人…!?
沒想到他…跟以前的氣味完全不同…
果然是你鳴人！
你沒事吧 小櫻？
鳴人！
鳴人……？
看來你沒有受傷嘛！
這裡快撐不住了!! 雛田她!!
寧次!!
!!
可惡！來不及了!!
這是敵人變化的
!
掐下來是哪個!?
左前方的2個人!!
!?
明白!!
難道…！
寧次!! 你在往哪裡走 是這邊啦!!
!!
!?

戰局好轉的背後 無正在…!?
已經沒事了!
タッ
通靈之術!
NARUTO—ナルト—
NO.558 完

終於……
長門那小鬼……成長了不少……
…沒想到這次通靈出來的是……
呵呵呵……
穢土轉生的施術者真是熟知戰爭啊
轉身
居然連你都被利用上了
……我記得你是……
你說這是穢土轉生……?
而不是輪回天生之術…?
為什麼沒人通知我們鳴人過來了!?
因為鳴人也才剛到這裡!
剛才雖然遇到他了但是因為在戰鬥就沒有通知!
因為這次鳴人的味道跟以前不同!所以沒注意到…!
這種時候擁有廣泛視野的你應該能先發現才對…
他的樣子和之前的不同…
就連查克拉的性質都改變了!
你說什麼怎麼能這樣說別人…真是的!
你真的是鳴人嗎?
還是說你也是白的的家伙變化而成的?
我就是鳴人!
你如何證明?
你沒事把雛田?
鳴…鳴人君
裂
!
所謂的"王牌"即將出現…!!
NARUTO
岸本斉史
559:增援到達…!!
咕
咕!!

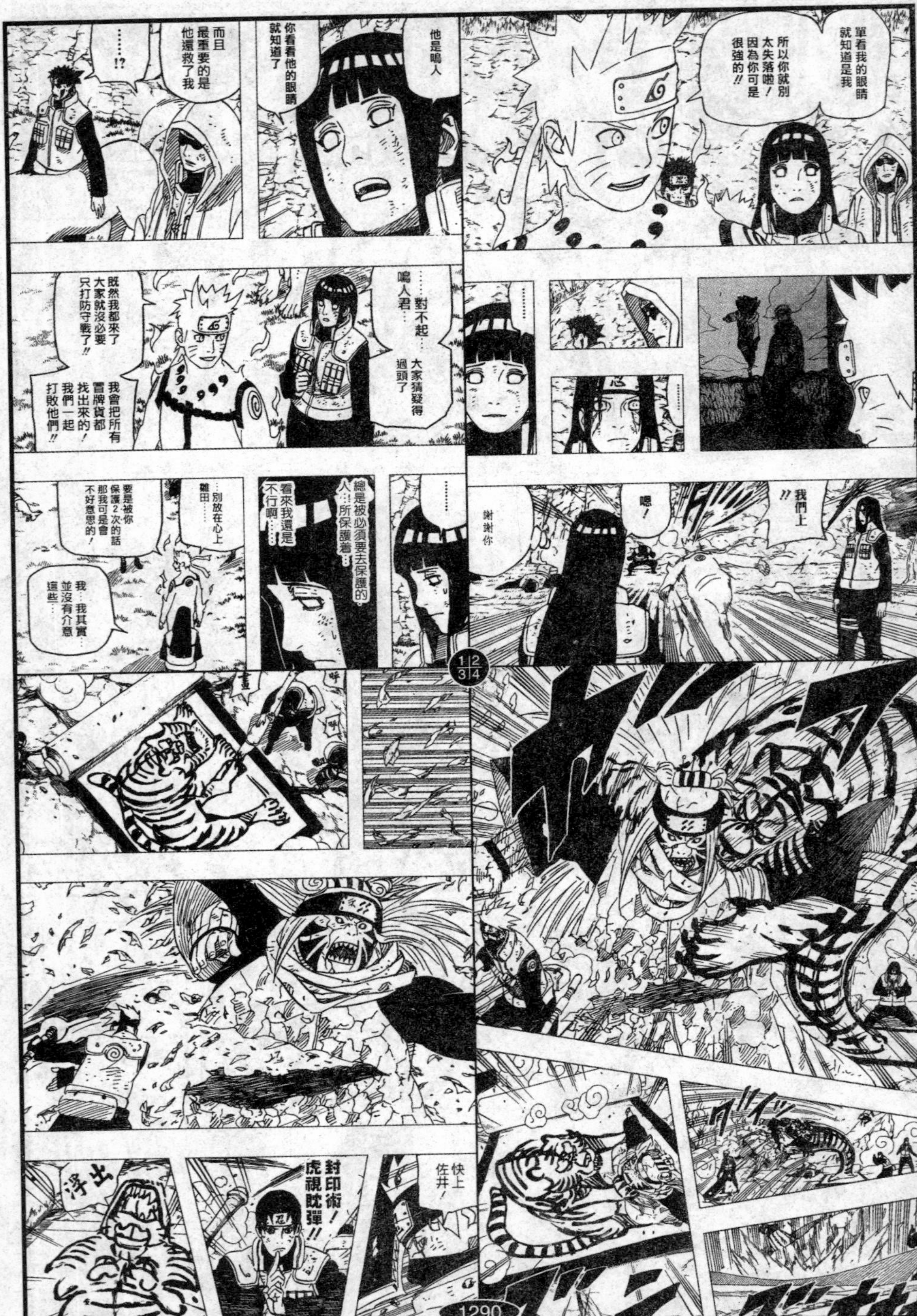
單看我的眼睛就知道是我
所以你就別太失落啦！因為你可是很強的!!
他是鳴人
你看看他的眼睛就知道了
而且最重要的是他還救了我
……!?
……
……
對不起…鳴人君…
大家猜疑得過頭了
既然我都來了大家就沒必要只打防守戰了!!
我會把所有冒牌貨都找出來的！我們一起打敗他們!!
我們上!!
嗯！
謝謝你
……
看來我還是不行啊…
總是被必須要去保護的人…所保護着…
…別放在心上雛田……
要是被你保護2次的話那我可是會不好意思的！
我…我其實…並沒有介意這些…
快上佐井！
封印術！虎視眈彈!!
浮出

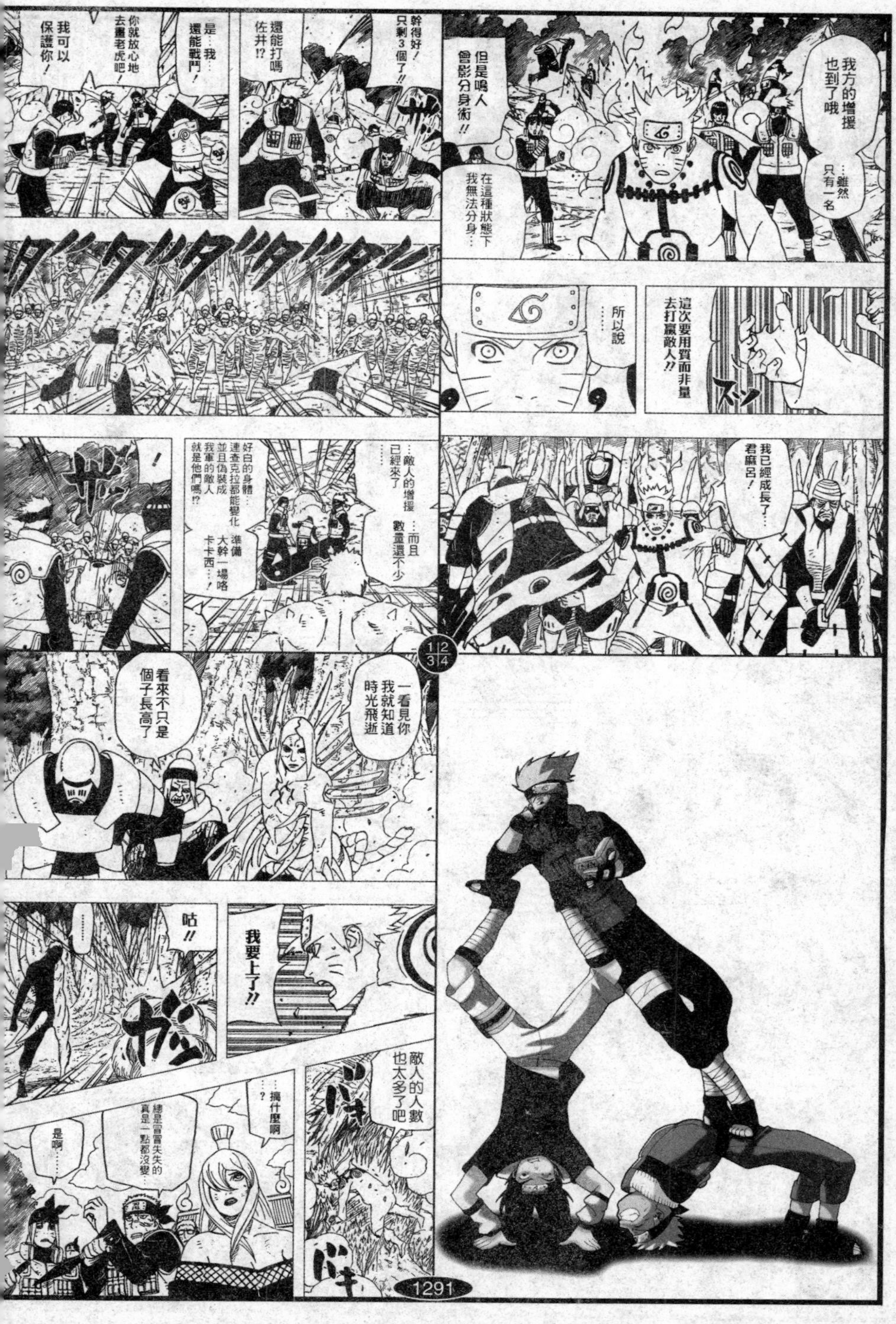
我方的增援也到了哦
…雖然只有一名
但是鳴人會影分身術!!
在這種狀態下我無法分身…
幹得好！只剩3個了!!
還能打嗎佐井!?
是…我…還能戰鬥！
你就放心地去畫老虎吧！
我可以保護你！
這次要用質而非量去打贏敵人!!
……所以說
…敵人的增援已經來了……
…而且數量還不少
好白的身體…連查克拉都能變化並且偽裝成我軍的敵人就是他嗎!?
準備大幹一場咯卡卡西…！
！
我已經成長了…君麻呂！
一看見你我就知道時光飛逝
看來不只是個子長高了
我要上了!!
咕!!
……
敵人的人數也太多了吧
…搞什麼啊…？
總是冒冒失失的真是一點都沒變…
是啊……

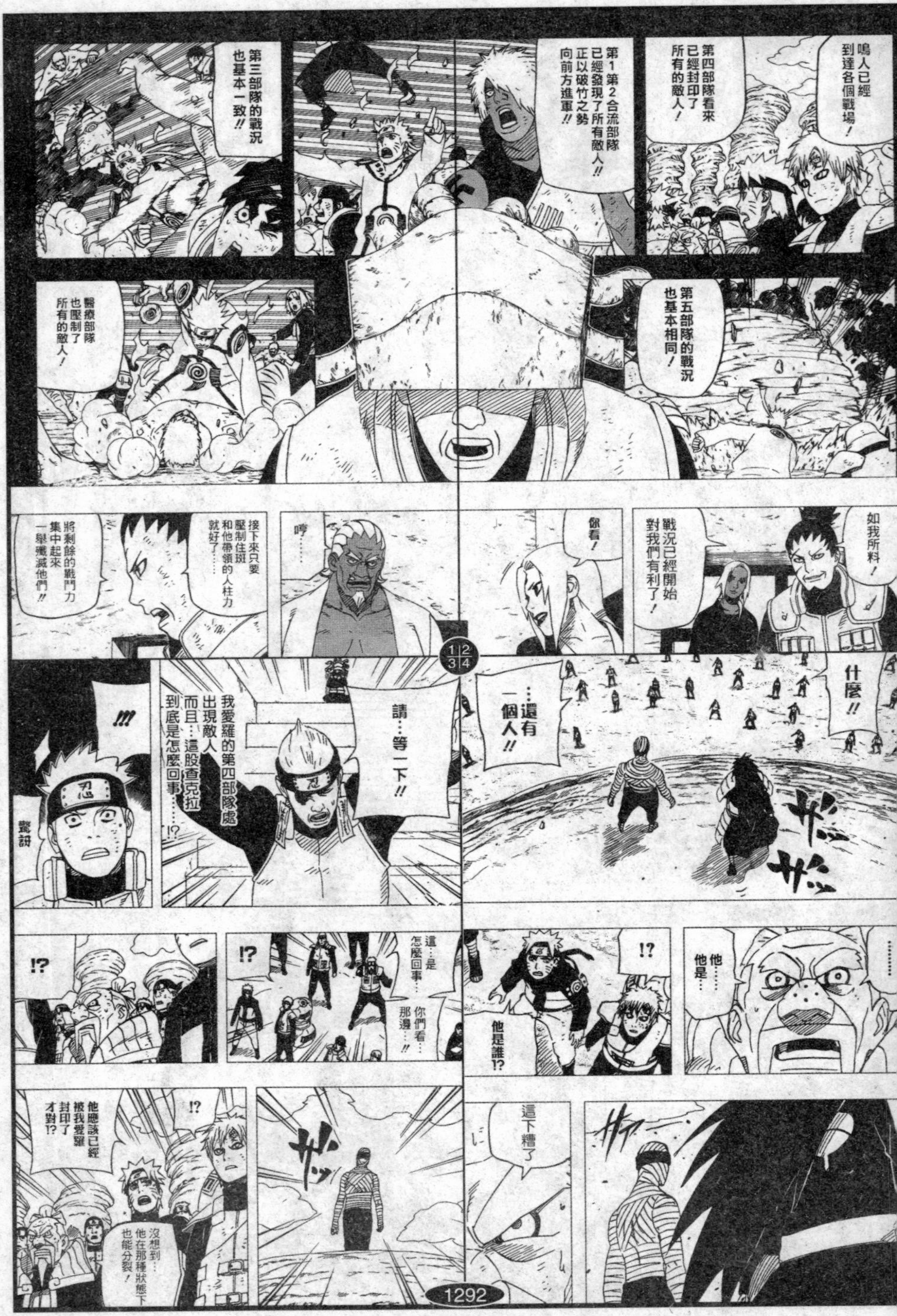
鳴人已經到達各個戰場！
第四部隊看來已經封印了所有的敵人！
第1第2合流部隊已經發現了所有敵人!! 正以破竹之勢向前方進軍!!
第三部隊的戰況也基本一致!!
第五部隊的戰況也基本相同！
醫療部隊也壓制了所有的敵人！
如我所料！
戰況已經開始對我們有利了！
你看！
哼……
接下來只要壓制住斑和他帶領的人柱力就好了……
將剩餘的戰鬥力集中起來一舉殲滅他們!!
什麼!!
…還有一個人!!
請…等一下!!
我愛羅的第四部隊處出現敵人 而且…這股查克拉到底是怎麼回事……!?
!!!
驚訝
……
他…他是……
!?
他是誰!?
這…是怎麼回事…
你們看…那邊…!!
!?
!?
這下糟了
!?
他應該已經被我愛羅封印了才對!?
沒想到…他在那種狀態下也能分裂！

他…他就是…！
這到底是怎麼回事
什麼意思
好好看清楚…他的眼睛…他是被穢土轉生的！
如果說穢土轉生之術是能把死者召回現世的術…
那麼
這意味着斑已經死了才對
什麼…你先等等！
總部的情報可是說斑正帶着其他的人柱力前來戰場…！
……
那麼…
宇智波…斑!!
帶着面具的那個男人…又是誰呢？
被面具所掩蓋的真相是…!?
NARUTO—ナルト—
NO.599 完

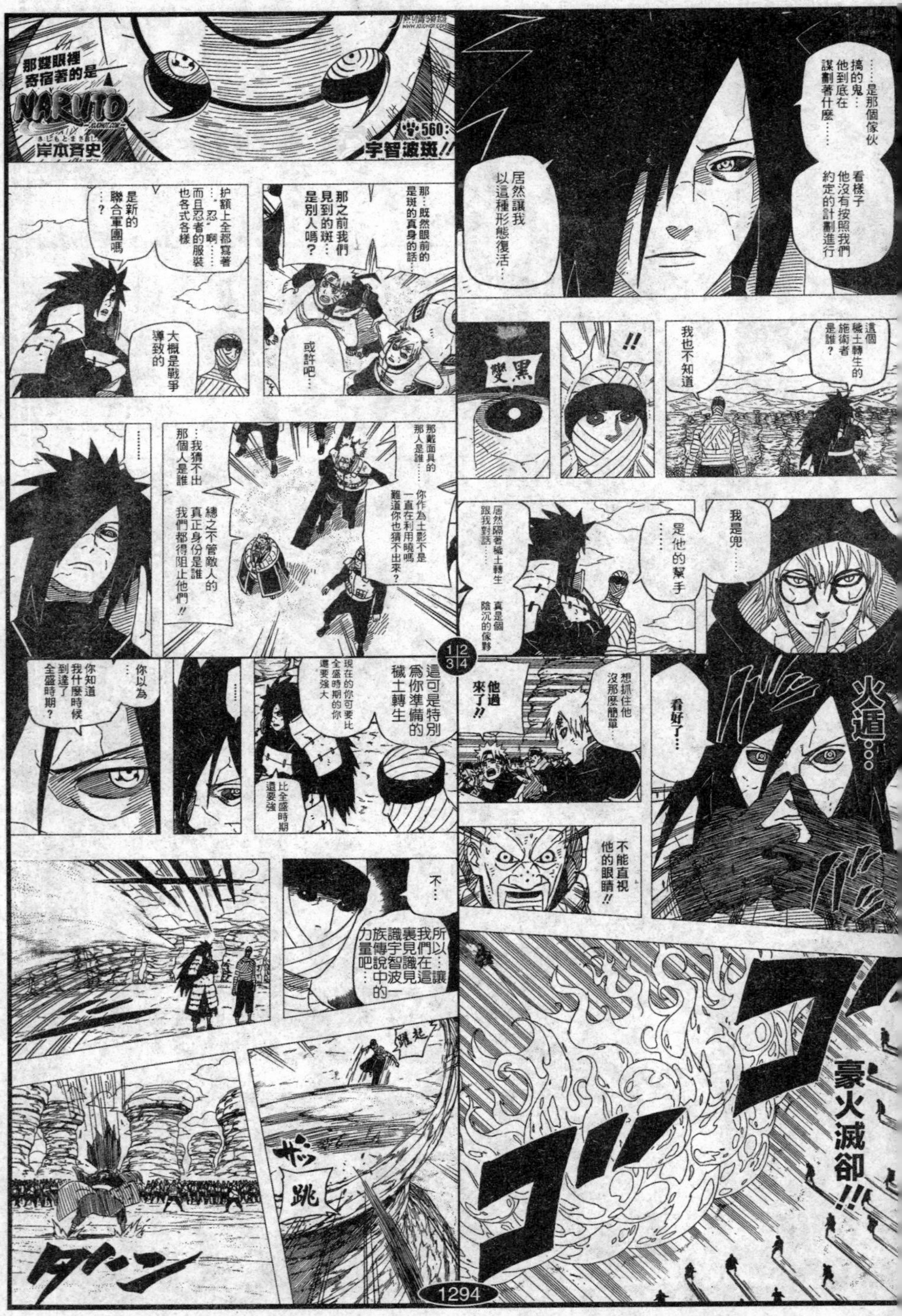
那雙眼裡寄宿著的是
NARUTO
岸本齐史
第560話
宇智波斑!!
那…既然眼前的是斑的真身的話……
那之前我們見到的斑…是別人嗎?
或許吧…
护額上全都寫著"忍"啊…
而且忍者的服裝也各式各樣
是新的聯合軍團嗎…?
大概是戰爭導致的
那戴面具的那人是誰……
你作為土影不是一直在利用曉嗎 難道你也猜不出來?
……我猜不出那個人是誰
總之不管敵人的真正身份是誰 我們都得阻止他們!!
……
……是那個傢伙搞的鬼…
他到底在謀劃著什麼……
看樣子他沒有按照我們約定的計劃進行
居然讓我以這種形態復活…
這個穢土轉生的施術者是誰?
我也不知道
!!
變黑
我是兜……
是他的幫手……
居然隔著穢土轉生跟我對話……
真是個陰沉的傢夥
這可是特別為你準備的穢土轉生
現在的你可要比全盛時期的你還要強大
比全盛時期還要強
……
…你以為…
你知道我什麼時候到達了全盛時期?
不……
所以…在這裡讓我們見識見識宇智波一族傳說中的力量吧…
飄起
ザッ
跳
タン
火遁…
看好了……
想抓住他沒那麼簡單…
他過來了!!
不能直視他的眼睛!!
豪火滅卻!!

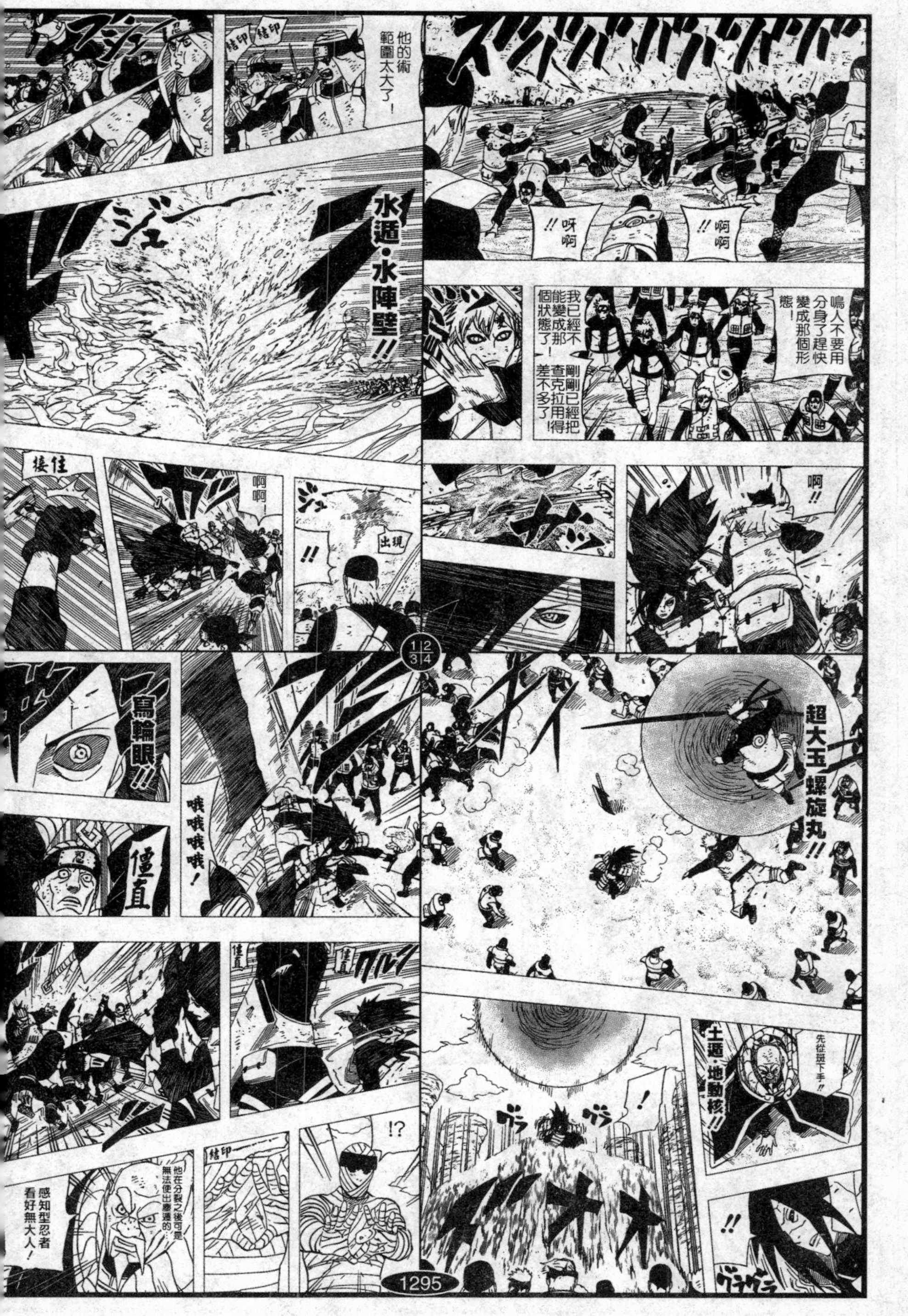
他的術範圍太大了！
結印
結印
水遁·水陣壁!!
接住
啊啊！
!!
出現
啊啊!!
呀啊!!
鳴人不要用分身了趕快變成那個形態！
我已經不能變成那個狀態了！
剛剛已經把查克拉用得差不多了！
啊!!
寫輪眼!!
哦哦哦哦！
僵直
僵直
僵直
!?
結印
他在分裂之後可是無法使出塵遁的……
感知型忍者看好無大人！
超大玉螺旋丸!!
先從斑下手!!
土遁·地動核!!
!
!!

嗚哇!!
什麼!!
是須佐能乎…!!
而且是在萬花筒寫輪眼狀態下的!!
嗚哇!
!?
!?
久等了!!終於準備好了!!
大家快遠離我!!
上吧風影!!
土遁 輕重岩之術!!
!!
我把這附近的沙子全都輕量化了!!
居然把沙子弄得這麼輕巧…這樣一來…
還沒好嗎鳴人!?
再等我一會兒
噢噢噢噢!
我要上了!!
噢噢噢!!
咕哇!!
呀啊啊啊!
呃呀—!!

跳出
如果他的須佐能乎跟佐助的是一樣的話那即使從外部攻擊也沒有用 所以只要用沙子束縛住斑的腳就足夠了
螺旋手裏劍!!
麻煩太多了……
居然…被吸收掉了…
這…這是?
爲什麼…爲什麼這家伙會有輪回眼?
果然如果所料…
寫輪眼的最終進化方向…
就是輪迴眼啊
我是在臨死之前才開了這雙眼的
你叫兜對吧……我這身體是怎麼回事?
剛才我說過了吧?…我親手打造了個比全盛時期還要強的你
你…我這副身軀的秘密…
難道你不用看宇智波的石碑就解開了嗎?
我和大蛇丸大人分析了多年累積下來的資料並且建立了假說…
如今…你就把那個假說證明給我看吧……
別搞錯了,這可不是你這鼠輩能打造出來的…
六道仙人……能夠使用神之力
現在我想用自己親手打造出來的你……

ゴゴゴ
那是……什麼東西!?
不會吧……
!?
這實力……相差太多了吧……
……這是……神的力量嗎……
……
壓·倒·性!!!
NARUTO-ナルト- NO.560 完

NARUTO
—JOJOHOT.COM—
岸本齊史
沖天之勢!!!
561:那個名字所具有的震懾力!!
隕石…他是怎麼做到的…!?
這還能算在忍術的範圍內嗎…!?
…看來只能等死了…
別這麼早就輕言放棄!
不能什麼都沒做就先放棄自我!
至少把力所能及的事先完成再說!!
土影大人!!
大家盡全力離開這裡!!
你打算讓我們也中招嗎?
這是當然的…穢土轉生本來就該這麼使用
反正不用多久我們就能恢復原狀
能在空中飛行…
那小子是岩隱村的兩天秤嗎?
土影老頭想做什麼!?
他想把那塊隕石變輕後攔下來嗎!
咕…
土遁・超輕重岩之術!!
噢噢噢噢噢!!!
再堅持一會兒…
成功了!!
停下來了!!
兩天秤那小鬼…有所成長了嘛…
NARUTO
jojohot.com

不過…你準備怎麼處理第二塊呢…大野木？
!!?
什麼!!?
波
波
面具男為何要故意以斑的名義做事？
…斑到底還活在這個世界上嗎？他一定想借此誤導我們
…只要他成功欺騙了我們世界就會陷入恐慌
斑這個名字就是有這樣的"震懾力"
這個名字的出現會吸引我們的注意力
會將人們捲入戰爭會讓我們無法坐視不理
而且現在的我們已經被這個名字牽著鼻子走了
!!?
到底是…怎麼回事!?
你沒事吧我愛羅!?
為何要救下我的分身…!?
我要顧全大局…想要贏的話……就算你是分身……那也是不可或缺的力量!
!!
土影老頭怎麼樣了
!!?
!!?
發生了什麼事!?
情報部小隊傳來消息!
第4部隊的戰場被一塊巨大到可以遮蔽天日的大岩石砸中了!!
剛才的搖晃好像是受此影響
有沒有從第4部隊傳來什麼消息!?
這是…什麼情況……
這麼多人…居然被一次性…!
我要親自前往戰場!!
沒猜錯的話…這一定是斑的術!
綱手大人再這樣下去…

土影老頭!
!
不用擔心 他還活著…
但是…
這就是六道仙人的力量嗎…
真是太棒了
呵…這場景還真是令人懷念啊…
……
你叫兜是吧…
…你到底對我瞭解到什麼程度?
我只是猜測 在終結之谷與初代火影柱間的那一戰
你並沒有死
…那時候你雖然…
被初代火影打敗了
但是你獲得了柱間的力量
…我說得沒錯吧?
抓
拉
原來如此…真是個會謀劃的傢伙
難道你瞭解我們的計劃?
詳情還不了解…
但我是站在你這一邊的
…至於那個冒牌斑是否按計劃行事 我就不知道了
……
話說回來…還有些人奄奄一息呢
土影和風影真是頑強
你打算
咕嚕嚕嚕……!!
你沒事吧!?
這股查克拉…召喚我的人是……斑!!
肚子…好燙……
我先確認下某件事…
通靈之術!!
!!
……
九尾好像還沒有被回收啊
這場戰爭的目的就是來回收尾獸的
九尾現在正寄宿在人柱力體內…而且

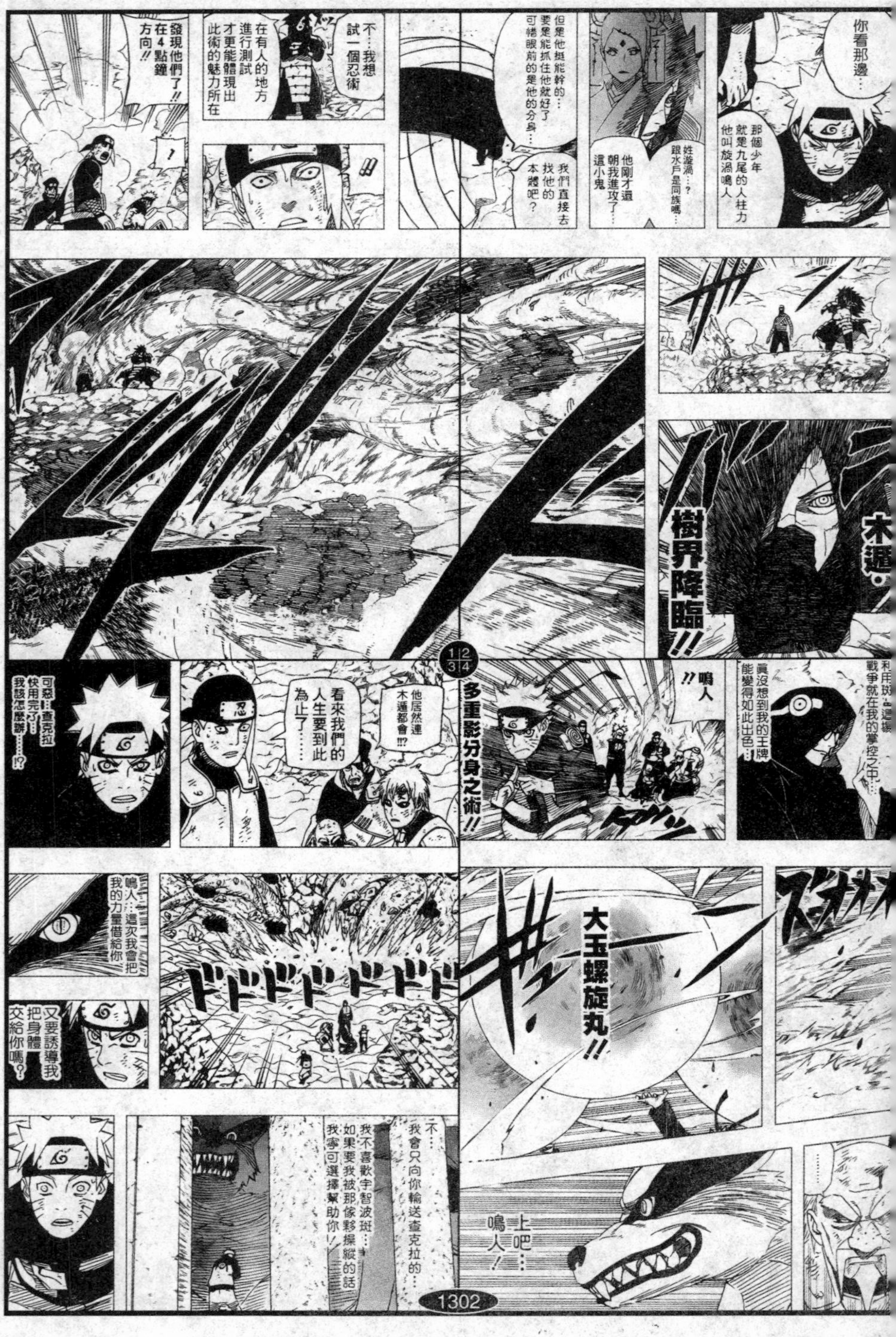
你看那邊……
那個少年就是九尾的人柱力 他叫旋渦鳴人
姓漩渦…？跟水戶是同族嗎…
他剛才還朝我進攻了…這小鬼
但是他挺能幹的…要是能抓住他就好了 可惜眼前的是他的分身…
我們直接去找他的本體吧？
不…我想試一個忍術
在有人的地方進行測試 才更能體現出此術的魅力所在
發現他們了!! 在4點鐘方向!!
！
木遁‧
樹界降臨!!
利用斑…這場戰爭就在我的掌控之中…
真沒想到我的王牌能變得如此出色…
鳴人!!
多重影分身之術!!
他居然連木遁都會!!?
看來我們的人生要到此為止了……
可惡…查克拉快用完了…我該怎麼辦……!?
大玉螺旋丸!!
ドドドドドドドド
鳴人…這次我會把我的力量借給你
又要誘導我把身體交給你嗎？
上吧…鳴人！
不…我會只向你輸送查克拉的…
我不喜歡宇智波斑…如果要我被那傢夥操縱的話 我寧可選擇幫助你！

大玉螺旋!!
現在感覺自己的分身快要消失了
嗚人…你已經做得很好了…之後的事就交給老夫吧
土影大人…你明明都已經…
哼…我終於有機會重新找回自我…
而且眼前正好有個相當合適的敵人
果然如你所說真的是挺能幹的…
…是吧?
沒想到把從九尾那裡借來的查克拉一下子全部用完了…
已經到極限了…
NARUTO－ナルト－ …NO.561／完
喂，我叫你先吃了早饭!!
哈哈
我今天也要加油，才能成为新
漩涡家的一个普通的早晨
NARUTO －ナルト－

不朽的意志!!!
我來做你的對手!!
NARUTO
岸本斉史
562:在此重拾自我
跳
跳
太胡鬧了!你都已經渾身是傷了!真是的
……!
呼
呼
呼
本來還想再試試我的術……
跑
看你已經無法動彈了……大野木…
……
……你這是什麼表情……
以前你也領教過我們之間的差距吧…?
什麼!?…這和之前約定的不一樣啊!!
斑大人他…
做同盟是不可能的…在木葉的實力面前你們只有乖乖聽話的份!
還有…在我面前不許提起那個忍者的名字!
…我們忍者獻身於戰鬥
為了自己的國家和村子不停地戰鬥著
從來不去考慮別人國家和村子只懂搶奪!
搶奪過來再被搶走被搶走後再重新搶回來…!
仇恨不斷膨脹甚至3度引爆忍界大戰!
這就是忍者該做的事
你都活這麼久了還沒從過去的痛苦中學到點什麼嗎
我比你活得時間長!…領悟到的更勝你一籌!
正因為深知過去的痛苦才能思考出走哪一條路
對未來的發展最好!
但是…現在發生第四次大戰…
這就是你所謂的最好嗎?
這場戰爭的性質不同!
這次大家團結一致想要爭取的東西
與以前在戰爭中互相爭奪的東西不同!!
……?
看到這些傢夥我明白了時間並沒有白白流逝……
在過往消逝的同時這個世界正在…向著和平逐漸成長著
呼
這個世界已經沒有再成長的必要了
你們就在無限月讀中永遠沉睡下去吧
要永遠沉睡下去的應該是你才對…!
搖晃
…以前…你讓我拋棄了自我…
如今我要在這裡戰勝你重拾自我!

嗚…
土影大人!!
!
我們…一起來重拾自我吧
貌似如果小輩過多地去照顧老人的話是被會抱怨的…!
哼!這次我就容許你們多管閒事好了!!
看來你還能站起來啊
為了自己!為了未來!
我要在此將你打敗!
綱手大人……!
你叫瑪布伊對吧 快替我準備天送之術!快點!
!!
天送之術是用來傳送物品的忍術!
這個術與通靈術以及逆向通靈術不同原則上來說是不能傳送人的!
我沒功夫跟你囉嗦!
不試試看怎麼知道!
在超高速的傳送環境下肉體在到達之前就會被撕裂後果就是你會死掉!
我當然知道!
以前被傳送成功的只有三代雷影大人一例而已!
三代是因為有異常堅韌的肉體才行得通的!
繼承了三代血脈的四代雷影大人先另當別論火影大人肯定是
……
……
我有一個方案…
但需要用到飛雷神之術
我們可以把玄間小隊叫過來
在一隻蛞蝓的身上做好標記然後用天送之術將它傳送到
我就算是被撕碎也不會有事…
沒有那個必要!
抬
…我用這個
原來是這樣啊……
但是這次的賭博很危險啊…尤其是綱手大人您向來逢賭必輸…
!?
那只是在我賭錢的時候…
賭
賭命的時候可就完全不同了
我能活到現在就證明了這一點
哎…
雷…雷影大人!!請您勸一勸火影大人吧…
嗯…

!?
唔哇!!
新殺多少敵人就能獲得多少自信…
哈
…所以…我一定要繼續殺敵…總之
嗯!
哦哦!
雖然預料到他會積聚大量查克拉…但我沒想到他的劍竟然能變得如此巨大
我…我現在已經完全動不了了…他竟然…能在一瞬間把手上的刀變成那副摸樣
那傢伙可真是能幹呀
瑪布伊準備發動天送之術…
傳送兩個人!
連雷影大人也…!!
鹿久…!!
現在戰局接近尾聲此時此刻正需要總帥出場
…不過斑是宇智波一族的…
如果不想辦法對付火遁我們就沒有勝算
做好準備為那個人用飛雷神之術
可惡!!
絆
纏住
瞬間移動…應該是四代火影的忍術吧?
我們本來是負責保衛四代火影的護衛忍者…現在是五代的護衛…
飛雷神之術是四代傳授給我們的
但是我們和四代不同我們必須三人協力才能做到
而且可能會有點難受請你忍耐…
水影大人…請務必打敗宇智波斑!!
這裡由忍刀七人眾之一的我來死守!
……
長十郎…
…這孩子…從出了村子之後就成長了好多呢…
玄間真是不好意思啊現在你能照我說的做嗎!
剛才發生了緊急事態所以無論我說什麼你都不要打斷我!
!
首先真正的斑已經通過穢土轉生復活了
…什麼…我能插句話嗎?
我說過不能吧!
天送之術!!
發動吧!
呃!
……我…我開始了…!

快開始吧！
我們的人已經在綱手大人身上做了記號！
一旦綱手大人抵達戰場我們就立刻開始施術！
瞭解
我不允許婚期外的事被延誤！
!!?
…性急鬼來了…
…而且連綱手姬都來了…!!
ドッ
我事先把這裡的座標告訴過本部！
浮現…
陰封印·解
忍法創造再生!!
呼
呼
你沒事吧!?
嗯…
綱手婆婆？
這不是綱手婆婆的再生忍術嗎！
唔哇!!
……！
…大家都活著呢說明我沒有來遲呢
終於可以大幹一場…等得我煩死了！
……
終於準備完畢了
……
看來長者還是有好處的嘛…

真沒想到五影能夠
彙集於此…攜手共戰!!
最強、集結!!!!
NARUTO ナルト
NO.562/完

来了
出生以来第一次的
『战争』!!
NARUTO

終於五影全部抵達戰場!!
NARUTO
MASASHI KISHIMOTO
563 五影集結…!!
熔遁·溶怪之術!!
這樣也不錯…
不然的話一點挑戰性都沒有啊
多謝了綱手大人!
我來治療你們
雷影!水影!麻煩你們爭取些時間!
我們上水影!
嗯!
被那個等級的術捲進去的話就麻煩了…
這家伙好快…
雷虐水準千代舞!!
嘩啦——!!
…!

…大概沒被幹掉吧…？
他隨時可能反擊的，別放鬆警惕！
根本沒有我們插手的餘地啊…
你們幾個跟我對付另外一個！
請全力相助！
他來了…
我們上吧！
還沒好嗎火影？
再稍等一會…
!!?
!!
!!
雷遁的瞬身術…配合熔遁的血繼限界…
相當不錯的進攻啊
雖然我喜歡聽男人的讚美…
不過你的話可不敢當真呢
連我的速度都能防得住的話
必須要進一步提速…到足以打破他的防禦才行…!!
……
……
你的防禦又怎麼樣呢？
…開始覺得自己在這裏真是多餘啊…
你沒問題嗎綱手婆婆？
用了額頭上的封印的話，你會變成弱不禁風的老婆婆的吧？
這次和佩恩那次不同…我衹需要治療自己的傷口，他們的傷勢也沒那麼嚴重…
所以我還留有不少查克拉！
那也請幫我恢復吧！
還不能讓這個分身消失！我也要戰鬥！
沒有那個必要…
!!?
為什麼!?
…這場戰爭…
已經不再是單純地為了保護你了…

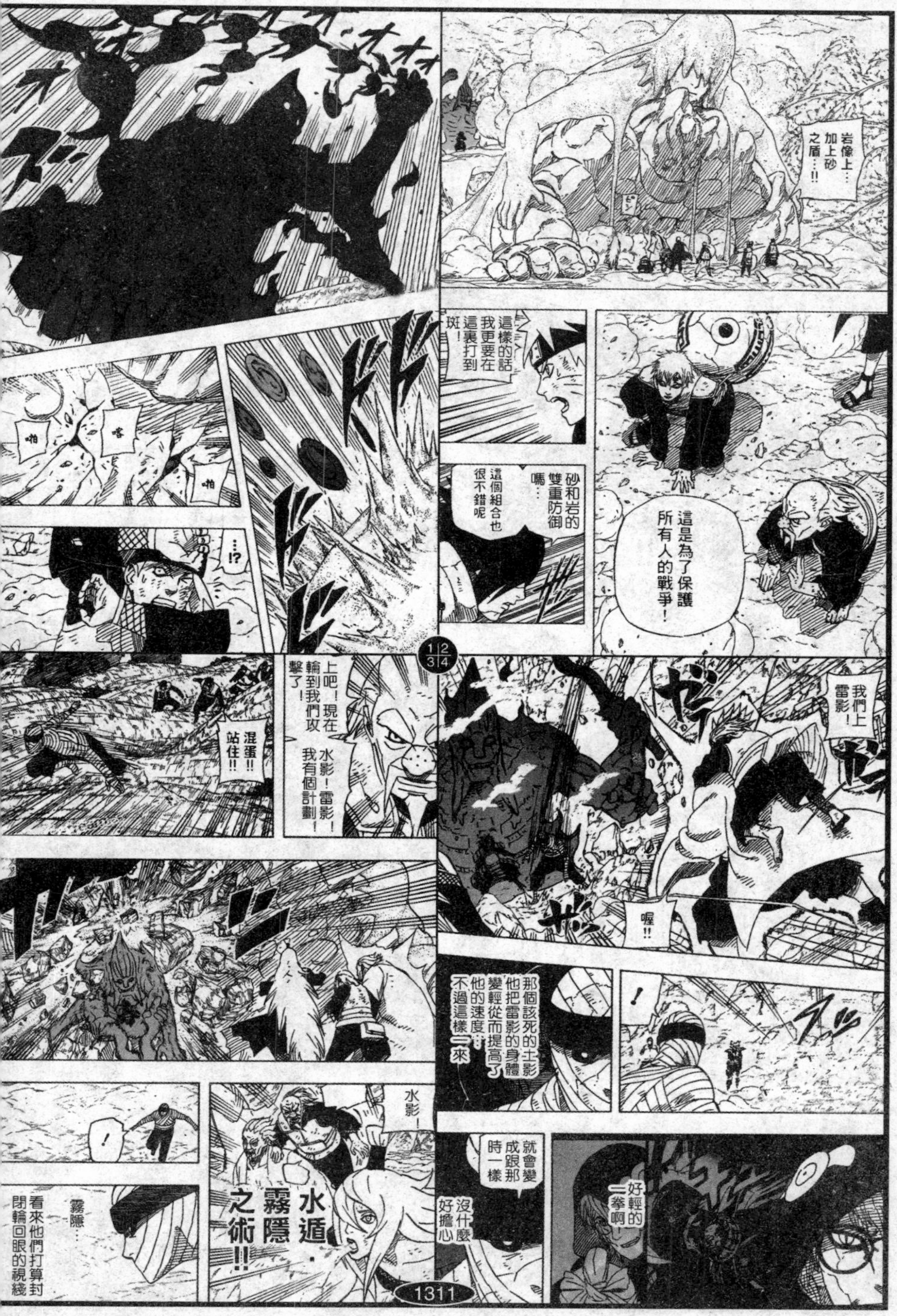

岩像上…加上砂之盾…!!
啪
嗒
啪
這樣的話我更要在這裏打到斑!
…!?
砂和岩的雙重防御嗎…
這個組合也很不錯呢
這是為了保護所有人的戰爭!
水影!雷影!我有個計劃!
上吧!現在輪到我們攻擊了!
混蛋!!站住!!
水影!
!
水遁·霧隱之術!!
霧隱…
看來他們打算封閉輪回眼的視綫
我們上雷影!
喔!!
那個該死的土影他把雷影的身體變輕從而提高了他的速度…不過這樣一來
!
就會變成跟那時一樣
沒什麼好擔心
好輕的一拳啊

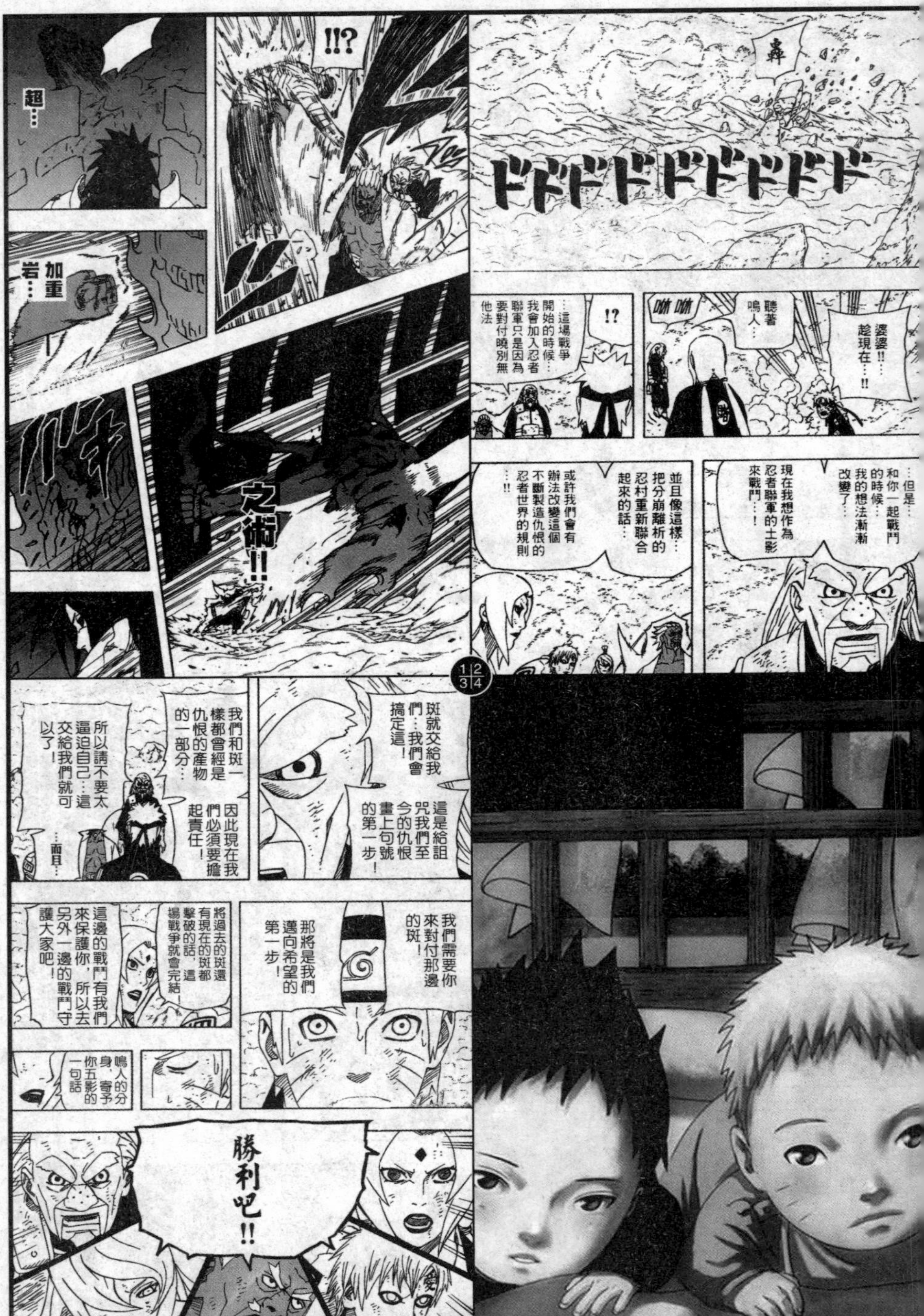
超…
!!?
加重岩…
之術!!
轟
ドドドドドドドドド
婆婆!!趁現在…!!
聽著鳴人…
!?
…這場戰爭開始的時候…我會加入忍者聯軍只是因為要對付曉別無他法
…但是…和你一起戰鬥的時候…我的想法漸漸改變了…
現在我想作為忍者聯軍的土影來戰鬥…！
並且像這樣…把分崩離析的忍村重新聯合起來的話…
或許我們會有辦法改變這個不斷製造仇恨的忍者世界的規則…!!
斑就交給我們…我們會搞定這！
這是給詛咒我們至今的仇恨畫上句號的第一步！
我們和斑一樣都會經是仇恨的產物的一部分…
因此現在我們必須要擔起責任！
所以請不要太逼迫自己…這交給我們就可以了！
…而且…
我們需要你來對付那邊的斑！
那將是我們邁向希望的第一步！
將過去的斑還有現在的斑都擊破的話，這場戰爭就會完結！
這邊的戰鬥有我們來保護你，所以去另外一邊的戰鬥守護大家吧！
鳴人的分身，寄予五影的一句話
勝利吧!!

!!
喔！
我會贏的！
!
毫不動搖的衝擊!!此刻
另一邊的戰鬥開始!!
NARUTO-ナルト- 下周休刊
用惊人的螺旋丸
阻止世界的毁灭
NARUTO
-ナルト-
岸本斉

NARUTO
鳴人與面具人的激突!!
NARUTO
564:
誰也不是的男人
冷靜點你這笨蛋你這混蛋!
那玩意還真硬居然沒被撞壞掉
……
我本來可以直接穿過你的
沒想到你連我的面具都傷不了嗎?
鳴人…我所期待的九尾之力
可不該衹有這點程度啊!
好燙好燙好燙!
熔遁·灼河流岩之術!!
嘿咻

水遁·水鏡之術!!
!!?
咕嚕
咕嚕
一樣的招式!?
唔!
破裂
水遁·泡沫之術!!
啊!
!!
謝了比!
鳴人!
唔…
舉起
秘術鱗粉隱之術!!
閃爍

我的墨鏡比你想要黑！這點閃光本大爺豈能迷惑！
老遠地就能感覺到你們的惡意了！
切 好大的力氣！
踏
踏
踏
二尾人柱力由木人在…這就說明這些是其他的人柱力！
而且全員都各有一祇寫輪眼和輪回眼
不僅被當成道具利用還被植入了那些惡心的眼睛…
眞是可憐啊
你要是被抓住的話大概也會被這般對待吧…眞是笑不出來啊
眞高興自己沒被抓住！
變成那樣我會超憤怒！
反正不管怎樣你都戴著那墨鏡
不想變成他們那樣的話就小心點！
跟斑的兩只眼一樣…
而且這次那個面具上面有兩個洞！
看來你一直遮著的另一只眼
就是跟長門還有另一個斑一樣的輪回眼吧
還是用一種特殊材料做成的
很適合戰鬥用
……!?
兩邊都會阻止給你看的！

……
哼哼哼哼……
!?
“另一個”斑……
…!?
叫我原來的名字──阿飛也可以哦
這場戰爭早就開始了…叫什麼根本無所謂
斑…阿飛…隨你叫什麼都行
你…
到底是誰啊？
我誰也不是
我沒興趣當任何人
我關心的只有完成月之眼計畫而已
兜你這混蛋…
你說“另一個斑”是什麼意思？
斑不就是那邊那個戴面具的嗎!?
你是可以說自己誰也不是，你也可以發動戰爭
但是就算在這個被你稱為沒有價值的世界上
也沒人打算活在你的謊言之下！
隨你換面具還是換名字好了
你終究還是你自己！
……
啊 受不了了…
這個世界早就失去了價值…所剩的只有痛楚
你們二人作為尾獸的宿主長大自然也是歷盡痛楚吧？
因此你們二人
身體裏有個尾獸……
也並不全是壞事
我現在就把你那破面具給扯下來！
我先上！嗚咦──!!
……
……
想把這個面具扯下來…
……
……

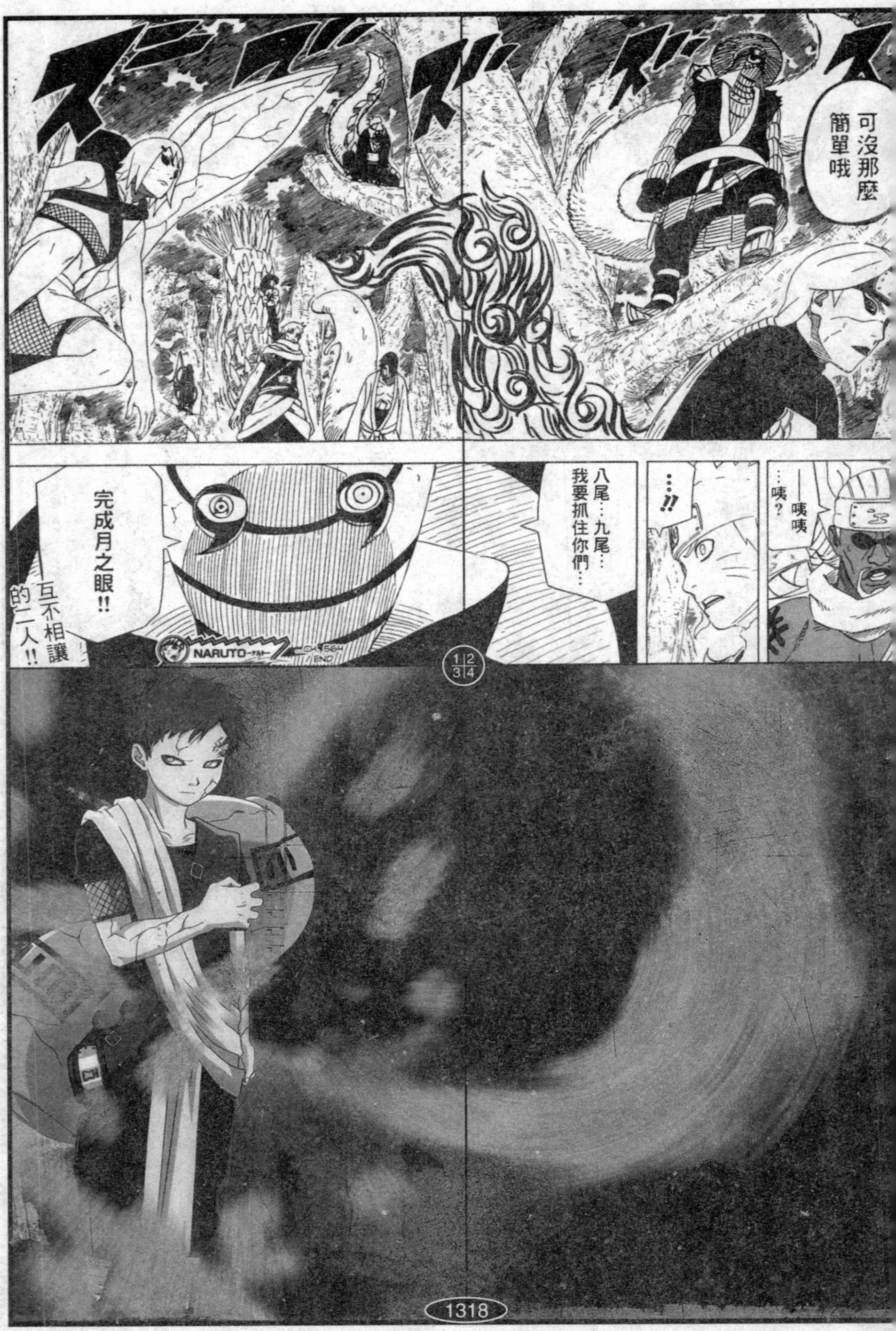
可沒那麼簡單哦
——咦咦…咦？
…!!
八尾…九尾…我要抓住你們…
完成月之眼!!
互不相讓的二人!!
NARUTO

NARUTO
岸本斉史
戰鬥激化!!!
第565：人柱力VS人柱力!!
我們不會把八尾和九尾交給你的!!
拔出
那些傢夥的尾獸不是已經被抽走了嗎!?
應該是被穢土轉生復活後又重新植入的…
我感覺這些尾獸同之前的樣子不大一樣了
小心點比!
收到指令迅速前進♪♪
等等啊比大叔!!
甩出
躲得很快嘛…
躲開
唧唧唧!!
嘩
出現
飛出
OK!!出其不意將你KO!!

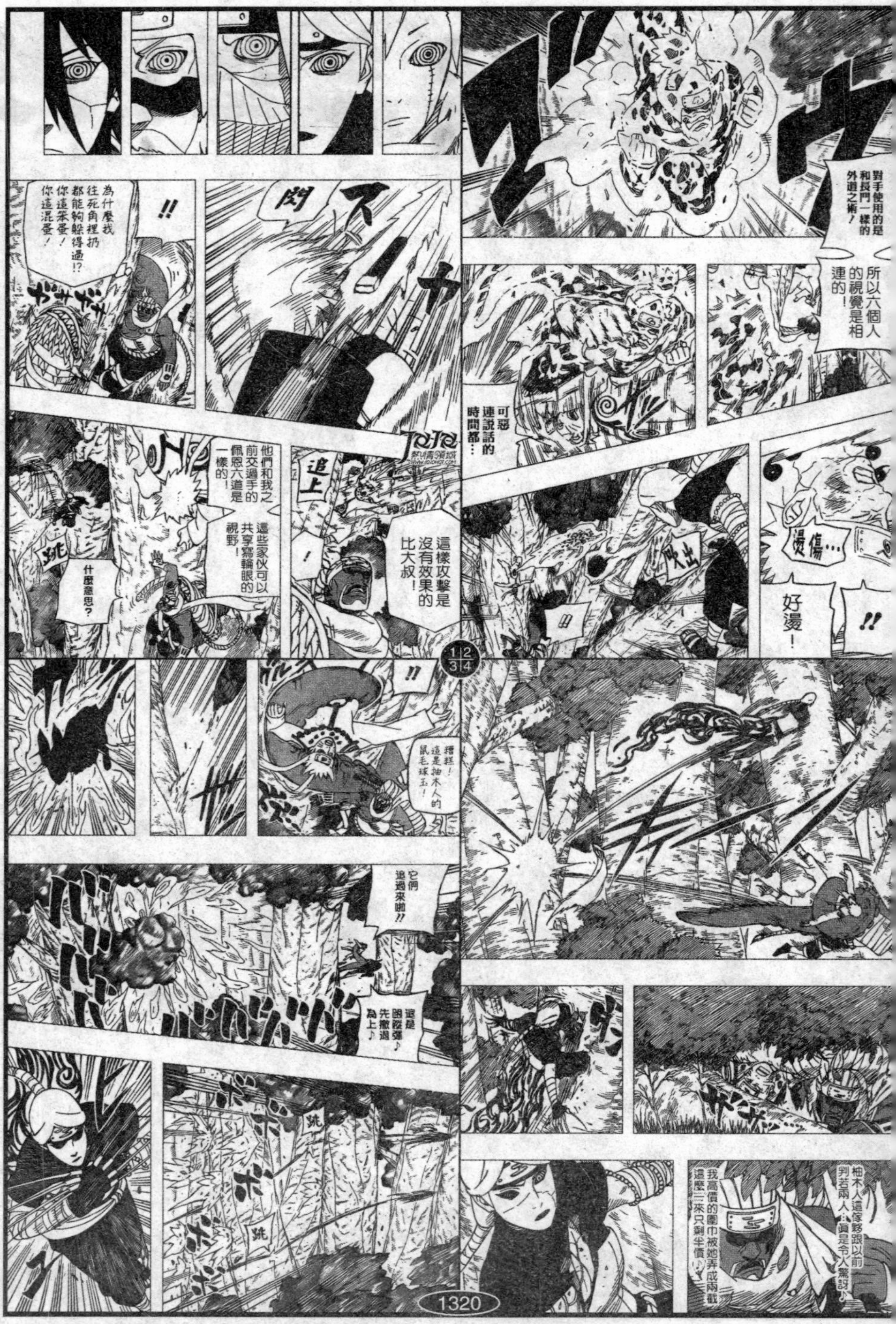
對手使用的是和長門一樣的外道之術！
所以六個人的視覺是相連的！
可惡連說話的時間都…
為什麼我往死角裡扔都能夠躲得過!? 你這笨蛋！你這混蛋！
閃
燙傷…
好燙！
吹出
追上
這樣攻擊是沒有效果的比大叔！
他們和我之前交過手的佩恩六道是一樣的！
這些家伙可以共享寫輪眼的視野！
跳
什麼意思？
糟糕！這是柚木人的鼠毛球玉！
它們追過來啦!!
還是跟蹤彈♪先撤退為上♪
跳
柚木人這傢夥跟以前判若兩人…真是令人驚訝♪
我高價的圍巾被她弄成兩截這麼一來只剩半價♪

我記得那個時候為了傳送查克拉
長門曾把黑色的查克拉接受棒裝在他們身上!!
是寫輪眼的緣故!她才會把我們的動作看得一清二楚!
人柱力被賦予瞳力後其能力又更上一層樓!
而且那六個人柱力的視野共享不僅有助於他們處理好位置關係而且還能掌握好進攻時機
原來如此…那只要拔出或者破壞掉那些棒子就可以解除"外道之術"了…
…但是想成功做到也很麻煩…我們的攻擊很難命中他們…
而且我們也不知道那個接受棒到底被裝在哪裡…
是那個嗎?
!?
比!我要和鳴人説話!
喲!
碰
鳴人…這些傢夥可以充分發揮兩種瞳力以及尾獸的力量
而且不用多久他們就會發現我們你有什麼打算?
哪個!?
!?
盯著柚木人的胸部我需要檢討♪
但是黑色隆起之物卻被我看到♪
剛開始還以為是乳…
唔哇!!
只能逐個擊敗那些人柱力!
如果現在的情況如果跟我對長門的時候一樣那他們應該都是被敵人用查克拉操縱著!
恢復
看見了果裝依然不帶感♪瞬間的韻律帶給我實感♪
這場戰爭決定著世界的未來這種關鍵時刻你滿腦子都在想些什麼啊…
就是那東西
那其他人也…!?
鳴人等等!!
跳
既然打不中你也抓不到你…

那我就接下你的攻擊再抓住你…
好燙!!
螺旋丸!!
果然都被裝在胸口…!!
那我就把你破壞掉…
壓
唔…
!!
噢!!
你們兩個沒事吧!?
好痛…
比…在森林裡跟這些傢伙戰鬥對我們不利
這裏的環境會幹擾你的視覺
知道我的意思吧!
噢…喲…

ドン
跳
把這片森林鏟平掉!!
大爺我可是八尾奇拉比大人!!
威哞哞哞——!!!!
八尾全開!!!!
NARUTO -ナルト- NO.565 完

嗚哇！
抓穩別掉下去了嗚人♪
現在開始我要動真格了♪
シュルルルル
ゲラゲラ
八尾、巨大化!!
NARUTO
566：眼與獸
岸本齊史
尾獸八卷!!
嗚哇啊啊!!

第3部隊那邊只剩下一個被穢土轉生的敵人！
只要封印了他忍刀七人眾就全部被成功封印！
第5部隊雖然還在戰鬥中
但是他們已經佔據優勢不會有問題的!!
我能感覺到八尾那股龐大的查克拉！
看來比大人已經尾獸化了！
他們面對敵人似乎略處下風！
那好！替我傳達指令第1第2第3第5部隊在打敗各自的敵軍後立馬增援鳴人和比大人！
青大人他們的座標在哪裡!?
說實話…這樣下去可能會…有些不妙…
但是現在五影那邊還能夠牽制住斑！
目前並沒有什麼大問題！
ゴゴゴゴ
好…好強…！
那是因為五影全都出動了…否則就難說了！
各部隊的情況如何!?
第1第2部隊似乎快要將敵人殲滅了！
ゴゴゴゴゴゴ…
不管他們是否被黑棒子控制不管他們想要做什麼！
讓墨分身們用ㄐ字擒拿他們呢就好了！
封印術 億怒端數煩流奴
グッ
!!
他們都倒下了!!
趁現在趕緊封印他們，比！
比大叔還會封印術？
吐

這就是封印術嗎！
這是比的封印術之一！
祇要保持那個姿勢數到3，即3秒之後墨就會完全覆蓋并且凝固敵人的身體來停止敵人的行動
等他們動不了後再拔下胸口的棒子!!
一──!!
……
伸出──!
二──!!
液化
三──
噢噢噢！好有衝擊力啊封印成功！
……呃…是很有衝擊力，但這股力量是由人柱力引發的……
上吧……
了嗎……？
!!
那個面具男！剛才居然躲到地下去了！

蟲食咬!!
你這傢夥!
捏
貓爪!!
啊!
嘶嘶
蛭間!!
好痛!!
這是強鹼液體!我的皮膚被溶化了!!
嗚哇!
珊瑚掌!!
!!?
這是什麼招數!?
!?
呃!
!!
花果山!!
糟了…!沒想到這些傢夥在被控制的情況下還能夠尾獸化!
鳴人我們得暫時撤退了等重整旗鼓後再…
犄角折!!
咕!
糟糕了…!!
雖然同為人柱力但以六對一居然還是處於劣勢
不過只要我的手碰到你我就贏了…
去死吧…!!
身體動不了了……

超級木葉金剛力旋風!!
穿透
!!!
居然把鳴人當誘餌瞄準我實體化的時機…
想阻礙我嗎…
不過祇是多了兩個援手罷了
在我的瞳力以及尾獸之力面前就跟沒有一樣
卡卡西老師!濃眉老師!
我們這邊也有寫輪眼
還有木葉村高貴的蒼藍猛獸在!
師、來臨!!!
NARUTO-ナルト- NO.566 完
サスケ

走在森林裡的二人…？
佐助和香燐應該沒事吧？
沒必要這麼擔心啦…
為什麼？
要是香燐和佐助還活著的話
那我們的相遇一定會變成很感人的重逢對吧？
……？
而且你想啊香燐不是很想調戲佐助嗎
…那我們對他們來說豈不是電燈泡
…………
也對…那我們該怎麼辦？
繼續收集忍刀？
自然是要當電燈泡
…這可是我除收集忍刀之外最想做的事了
不過我們先去大蛇丸的老巢看看吧！
你們來啦卡卡西老師濃眉老師！
第七班的徒弟在這裡這麼拼命我怎麼能休息呢！
啊！那傢伙！左右眼的
寫輪眼和輪迴眼
是相反的！
左胸裡插著棒子
冷靜點…我都沒聽懂你在說什麼
右眼是寫輪眼左眼是輪迴眼
左胸口插著跟佩恩一樣的棒子…我明白了…
真不愧是卡卡西好強大的理解力
…五根尾巴…是五尾！
它來了！
可惡…！
！
木葉頹岩升!!
嗚哇!!
謝…謝謝了！
抱歉小八！你沒事吧？
我們的痛苦可是一起承擔的！
所以你才是不要緊嗎!?

我居然被…這傢夥操縱…
!!
ズズズズ…
出現
好痛苦…
伸
出現
嗷噢噢…
!!
グ
!
這傢夥好像要攻擊阿飛…？
嗷噢噢!!
為什麼他特地阻止了尾獸
…不知道……有可能…是因為他無法完全控制尾獸吧…
所以才阻止了…
ババ
バババッ
喂…你聽見了嗎鳴人？
……聽見了…
那是尾獸…五尾的叫聲
嗷噢…
也擁有感情
被人那樣對待不檜怒才怪…!
……痛!
流
盡說沒用的話…
我們尾獸可是一直被忍者們當寵物來養的!
……
哼…九尾這可說不准
…!?
噢？…九尾能夠跟八尾對話？
八尾…只有你跟那個名叫比的小鬼是個特例罷了!
…九尾我知道你在想什麼
你……

凱 你先確認 每個敵人 分別用的是 哪個佩恩的術！
對於我這種 完全記不住 人臉的人來說 這些傢伙 看起來根本就 一模一樣…!!
八門遁甲 第六景門 開!!
雷切!!
你在胡言亂語 什麼啊 給我閉嘴…！
從尾巴數量上來看 你的實力僅次於我！
所以你快點 幹掉他們啊！
我去睡覺了！
實力的強弱 可不是靠 尾巴的數目 來決定的！
你一直 就是這樣！ 怪不得一尾守鶴 那麼討厭你！
喂 你在聽 我說話嗎 你這傢夥！
死狐狸 不要裝睡啊 喂!!
……
八尾和九尾 …在吵架
尾獸之間 用心靈感應 對話、
這種事情 實在少見 驚訝、
從剛才開始 你一直在 自言自語什麼 鳴人！
敵人就要 攻過來了！ 就算有我在
啊!!
爲什麼他 就是不使 用佩恩的 忍術？
可能是… 因為無法 使用吧…
我們已經知道 該如何應付 佩恩的其他忍術
他也不笨 懂得沒必要 浪費大量查克拉 使用這些忍術
因為只依靠瞳力 將七頭尾獸 完全控制住… 也是需要耗費 相當量的查克拉吧
不愧是 卡卡西老師 好強大的 理解力！
旗木卡 卡西還 真不賴 啊
居然被 你那雙好眼 睛察覺到了
那… 我也讓他們 變強一些好了
吸收查克拉的忍術 通靈之術 吸引吹飛對手的忍術 吸取對手查克拉的忍術 以及傀儡機關…
這是怎麼一回事… 為什麼他不使用這些術…
有三個朝你 衝過去了 鳴人！
衝來三個 比剛才 還要狠
那我也要 比剛才 更認真
來吧!!

這次是兩隻哦
唔噢噢噢噢
哇!!
唔噢噢噢噢
啊!
啊!!
嗚!
落
落
嗚
可惡…!
可惡!
難道只能用九尾查克拉放出影分身進行佯攻然後偷襲面具男嗎…!
你不能再用九尾查克拉進行分身了
霸氣太沖天!小命會升天!
比你這個笨蛋還沒意識到嗎?
他們或許已經對拳了!
?
分身鳴人早就應該支撐不住了才對
但他卻沒有什麼事這說明九尾已經停止抽取鳴人的查克拉了!
是吧…九尾…
……
雖然我不知道你為什麼會這麼做
總有一天我一定要想出方法來消除你心中的憎恨!!
…什麼叫做和尾獸在一起是一種不幸
不要隨便下這種結論…
……

那是什麼!?
無論如何都別碰那東西凱!!
!!
嗚哇!!
!!?

嗚……!!!
嗚人出現危機!!! 九尾的反應是…!??
……

ロック・リーの青春フルパワー
《JF特別版》
明天就是盼望已久的Jump Festa了——!!
到時候將會出現Jump角色的周邊以及節目…太讓人興奮了!!
李!你不也是Jump上的角色嗎!!
我等不及了!!現在就去會場!!
狂奔中
快停下!活動開始之前是禁止入場的——!
活動當天——
ジャンプフェスタ
周邊販賣區
展示區
入口居然有兩個!我們該往哪邊走!?
得選好想走的路線…
我們去買阿凱老師的周邊吧!
怎麼可能有他的周邊!?

「最強Jump」的最強角色・洛克李中的最閃耀的活動「Jump Festa 2012」—ㄨ!!

在周邊販賣區的購物方法
①在「商品購買申請書」上寫好想要購買的商品！
一定要記得帶文具來哦！而且每樣商品最多只能買5個！
②將填好的「商品購買申請書」交給核算處的工作人員！
齜牙
在排隊時將應付金額準備好。
在排隊時如果想去洗手間，請先跟工作人員說一聲。
③將應付金額付給核算人員讓核算人員蓋上「收取印」！
齜牙
什麼!?
④將蓋好收取印的「商品購買申請書」交給商品領取處的工作人員並領取商品！
齜牙
當場確認好找回金額和商品
你看你這春風得意的樣子！
核算～在排隊等待蓋印期間不能擅自離開隊伍。
接下來前往展示區！
嘿!!我們快走吧!!
喂——!!
嗚哇!!
真是的！不許亂跑啊很危險的!!

嚴重禁止會場內外的參加人員進行「卡片或周邊的交換、贈送、轉賣以及私自販賣」等行為。

請不要在會場周邊設施或者會場內（特別是洗手間）進行更衣等行為。

天天 你在哪裡啊…
とぼ とぼ
幫助中心
這裡是幫助中心！
無論您是迷路還是遺失了物品…我們都歡迎您前來諮詢！
順便提一下 我身上穿的是烏龍派出所的35週年紀念服！
幫助中心的工作人員們都穿著這套衣服哦！
警備人員會在會場內部進行巡邏。發現可疑的人或物品時，請告知附近的警備人員、工作人員或者幫助中心。
哦…哦哦〜!?
握握
幫助中心
啊！找到李了！
ダッ
這不是阿兩嗎!?
デーン
天天！今年是烏龍派出所35週年紀有好多相關活動呢！
你看 我臉上戴的是阿兩的眉毛面具！
バァーン
還有還有 只要集齊『阿兩雙六棋』的印章…
就可以獲得阿兩玩具鈔票哦！
千両
GET!

累的時候可以在
Jump屋臺村訂購
烏龍派出所的
特製美食！
咬咬
不過只能在
休息區
吃東西哦！
阿兩！
為何
老師要
扮演
麗子!!
終於要前往
Jump Super
Stage了!!
休息區內請互相讓座。請勿長時間占用座位。
Jump Super Stage採用了
客人邀請制以及時間限定制
沒有邀請書的人員無法入內…
抱歉咯
咦!? 怎麼會這樣!!
岸本老師的
Stage 怎麼辦!!
哼哼……
李
你還太嫩了……
我有
邀請書哦
邀請書
天天!!
你這一臉得瑟樣
好像連作者都
沒有見過吧!!
邀請書將會被發給當選的報名者。並且不會在活動當天分發。
於是他們
順利入場
老師 明年
洛克李會
大顯身手嗎？
咦？
應該不會吧？
啊…
什麼!?
大家要
遵守好規則
盡情享受
Jump Festa
哦！

NARUTO
岸本斉史
569：意志的證明!!
☆開始和四尾孫並肩作戰!!
那我該如何阻止你!!
…在此之前有件事情我要說明一下
?
我基本上是不會信任作爲人柱力的人類的…
…更別說信任像你這樣說想和尾獸做朋友的笨蛋…所以說…
就算你幫助了本大爺也別想讓我成爲你的伙伴
所以你也別信任我…
現在這些都不重要…!
該怎么做才好我也差不多明白了!
鳴人…你做的所有事情我都看在眼裡
…所以我想你應該也明白
你無論是對我…還是對尾獸們說什麼都是沒有意義的
你的真心沒有傳遞給我們
パチ
抓到你了…九尾
我就把你連同四尾一起吸入吧
把它的嘴張開!鳴人快出來!!
滋
滋
出現…
嗯~~只要能夠讓它把我吐出去就好了
果然這樣子是不行的…!
打不開啊
呼
唔唔唔唔唔唔唔唔唔唔
吐↓吃多了
!!
多重影分身之術!!
唔…
嘔嘔嘔嘔嘔嘔!!
!?

人柱力由於尾獸化
導致體積變大
木棒的位置也移動到了
頸部附近—
另外身體變大了
木棒就更不容易找到了!
垂死掙扎的小混蛋
總而言之
先把木棒
拔出來
破壞了黑棒
查克拉之鎖
就出不來了!
滋
滋
拴緊…
滋
滋
滋
滋
哇!!
嗚哇!!
沒想到出來
這麼多鳴人♪
你真不賴
相當有才♪
呼~
聽好了!
好好觀察
我的脖頸
應該有根黑棒插在我脖子上
那根黑棒上就是形成
查克拉之鎖的源頭
我們都被它束縛着
這是輪迴眼的
六道所使用的
魔傀之鎖…
不是應該在胸部的嗎?
之前跟人柱力打的時候
都是被嵌進胸部的!
唔哇!!
仙人模式
維持不了多久…
但是
我會盡可能
去做!!
喝!
抓
我找到了!
就是那個!!
只要破壞了它
現在這個
束縛著我的鎖鏈
應該也會
跟著消失!
跳
要拔出來可
並不簡單哦!!
我被操控着
所以會不停地
攻擊你的!
你可別一激動
就把我給
幹掉了!
這我是知道的
不過相對的
我可能也會
對你不客氣的
你也稍微
忍耐一下吧!
!?

!!?
嗚哇!!
飄
我是不會讓你輕易得逞的
直接接觸黑棒就會被它束縛住
這束縛力遠遠強於佩恩長門的外道之力
咕……!!
鳴人!!
就是這裡!!
唔噢噢噢!!!
抽出
有希望!!
鳴人這傢伙…
哈哈哈
英雄就跟笨蛋一樣
怎麼可能真的會有英雄存在
我會證明給你看…
我漩渦鳴人會用實際行動告訴你這個世上是有英雄存在的!!
到頭來還是跟以前一樣…
不過英雄總是最後出場的嘛
我要成為火影!!
你們給我看好了!!
我漩渦鳴人還要繼承火影這個名號!!
我會超越所有歷代火影讓你們瞧瞧
我要讓村裡的人認同我的實力!!
我一定會贏
能夠當上火影的人是天生就有當上火影的命
不是你想當就可以隨隨便便當上的 你的人生早就已經被命運所決定了
嗯…期末就考你們分身術吧
多重影分身?
搞什麼嘛 搞什麼嘛 怎麼是我最不擅長的忍術
影分身之術!!

我在成為火影之前
是不會死掉的!!
螺旋丸!!
…我是不會逃避的…
我一直都是有話直說…
那你就讓我見識見識你說的話是否正確吧!!
當然了…我一定要把你打敗然後證明我是對的!!
你連答案都沒有找到
還是放棄吧!!
我是不會選擇…
放棄的!!!!
螺旋丸!!
托
你幹得很好了
你教他這種他根本學不會的術還想當他的師傅?
你看他這種愛做白日夢的小鬼隨隨便便就開玩笑說要成為火影
…別讓他自以為能夠學會這術
小鬼總以為所有事情都能輕鬆搞定…
所以才會整天把那種荒唐的夢想掛在嘴邊總是說永不放棄然後就死了…
你終於平安回來了!
我一直相信你!
你是我們的英雄鳴人!
謝謝你啊…
鳴人…!
歡迎回來
……
九尾啊…我啊…
總有一天我會想辦法把你心里的仇恨消除掉…
鳴人…如果你
真的想為我們尾獸做些什麼的話…
所以我也一定會幫助你的…
那就跟以前一樣……

顯現…
!!
唔咕…
ググググ…
呃唔唔唔…
一定要順利感知到…
本體……
應該就在這裏的外側……
滑動
溜
剛才我說過了我可能也會對你不客氣的
所以你也要理解我!
我要從內部把它擠出去!
收
用行動證明給我看!!
蛙叩!!
這才是你的作風!!!
永不磨滅的意志!!!!
NARUTO-ナルト- NO.569 完

滋滋滋…
滋滋…
NARUTO
岸本斉史
第570話：九喇嘛!!
拔出來了!!!
開始動真格!!!!
很好…
這才是我認識的鳴人!!
嗯!!
…!
螺旋丸!!
為什麼!? 我明明把黑棒拔下來了啊!!
撞
唔哇!
你這傢伙還挺能幹的嘛
!
為什麼鎖鏈沒有消失啊!?
呼
呼
呼
噢…果然肚子上的鎖鏈沒有消失啊…
那個黑棒啊…是為了暫時壓制住我的查克拉而插在人柱力身上的…
我的查克拉被那個戴面具的傢伙通過外道魔像控制着
你早就知道了!?
那我豈不是等於沒有幫到忙!
呼
呼
小傢伙…你說的是真心話嗎…
當然的啦!!
呼
呼
這傢伙…
這表情真的是…

我們只說好教會你如何阻止我…
…但沒有說過要教會你如何救我
那你事先就該把這一點告訴我才對啊!!
那!? 你要怎麼辦!?
他把四尾給吸收了!
果然又成了那傢夥的東西了!
…我要先給你一樣東西
!?
什麼東西?
?
嗯…? 你要給我什麼東西?
把手伸出來…
……
是好東西…很快就會派上用場的
碰
才制服了一隻就已經筋疲力盡了啊
可惜我是不會手下留情的
好好享用你們所珍視的我的東西吧…
!?
!
嗅嗅嗅嗅嗅嗅嗅嗅嗅嗅嗅嗅嗅嗅

在跟另一邊的斑對打的時候謝謝你把力量借給了我
多虧了你……我才得救了！
!!
說什麼謝謝聽得我想吐!!
我只不過是覺得寧可被你控制也不想被斑控制罷了！
而且因為這個封印的緣故我消耗掉的查克拉根本就微不足道！
這次只不過是想多看一會兒你的戰鬥罷了！
對……我只是在打發時間！
我向你道謝你發什麼脾氣啊!!
你要是改不了那種看人的眼神至少也要改一改自己的脾氣吧
!?
呃
……！
呼
…我怎麼看都覺得很不妙
這種時候你還一副軟弱無力的樣子
呼
哼…你就看著吧……
向我借用力量的話
就沒有辦不到的事了‥‥鳴人
……
呼
你最近很能跟我搭話嘛
你要借我力量我很高興‥
但在此之前我必須說一句
?

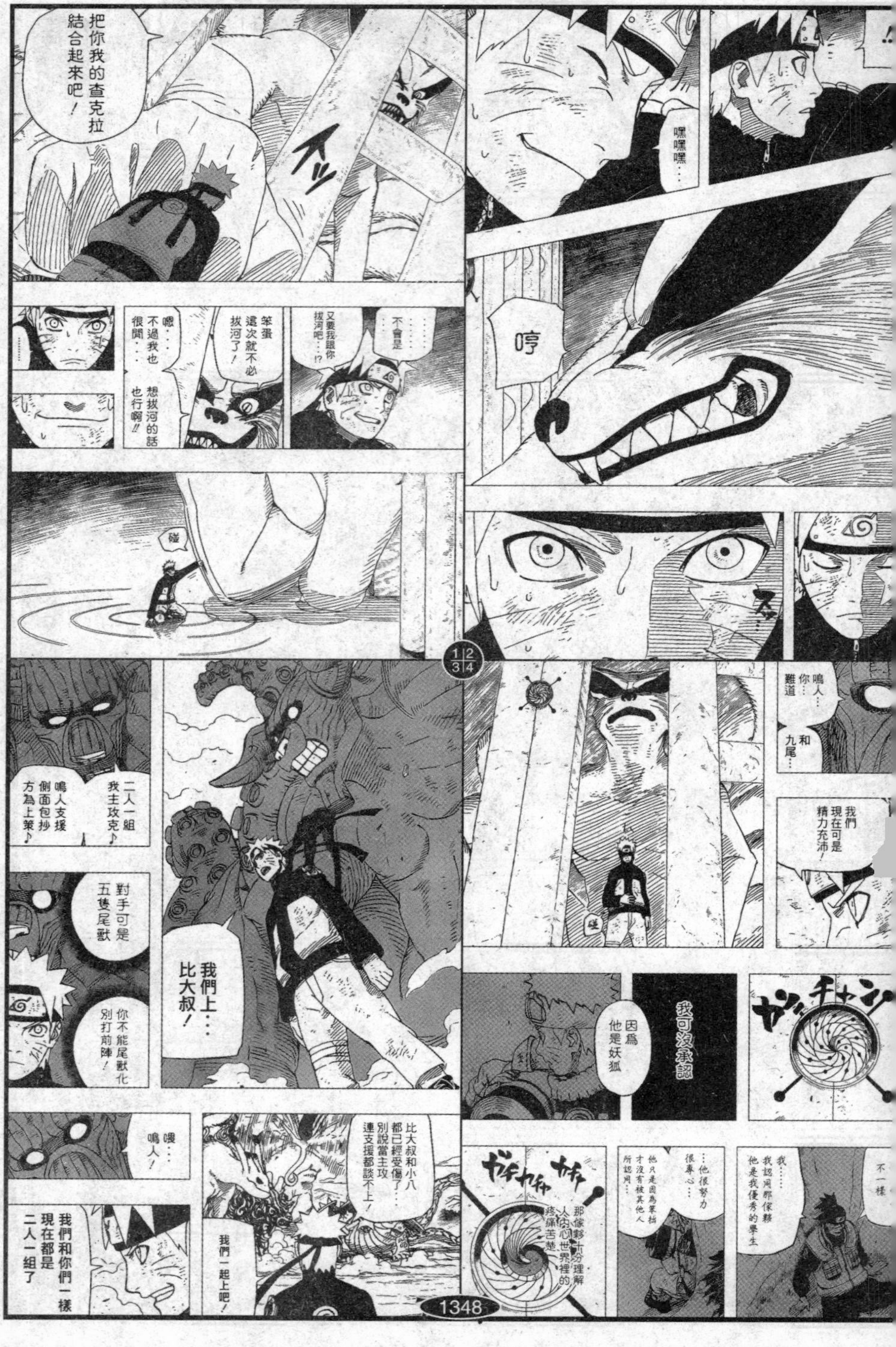

把你我的查克拉結合起來吧！
……不會是……
又要我跟你拔河吧…!?
笨蛋這次就不必拔河了！
嗯…不過我也很閒…想拔河的話也行啊!!
……
碰
嘿嘿嘿……
哼
我們上…比大叔！
二人一組我主攻克♪鳴人支援側面包抄方為上策♪
對手可是五隻尾獸
你不能尾獸化別打前陣！
比大叔和小八都已經受傷了…別說當主攻連支援都談不上！
喂…鳴人！
我們一起上吧！
我們和你們一樣現在都是二人一組了
鳴人…你…難道和九尾…
我們現在可是精力充沛！
我可沒承認
因爲他是妖狐
不一樣
我……我認同那傢夥他是我優秀的學生
…他很努力很專心……他只是因為笨拙才沒有被其他人所認同…
那傢夥十分理解人內心世界裡的疼痛苦楚

他早已不是那個妖狐了
現在的他是我們木葉村的…
漩渦鳴人！
你已經不再是妖狐了…
現在的你是木葉忍者漩渦鳴人的搭檔……
……！
九喇嘛
ガチャン
嗷…!!
我們上吧!!!
經歷了漫長的時期…
九尾終於出場了!!!
NARUTO -ナルト- NO.570 完

新生的力量…!!!
……
鳴人…你…莫非
!!
NARUTO
-JOJOHOT.COM-
きしもとまさし
岸本斉史
571：尾獸模式!!

笨蛋！如果開了八門你就會死的!!
但是…!!
鳴人!!對面的情況不妙啊!!
五顆尾獸王會在他們面前炸開
這…這下麻煩可大了!!
凱不要輕舉妄動!!
變化
我用左眼的神威來應對!!!
數量這麼多!!光靠你的瞳力可應付不來!!
現在這情況…我只好開八門…
這我當然—
知道!!!!
什麼⁉這麼快…！
…老…
老師…⁉
那是鳴人嗎⁉
這就是尾獸的力量嗎⁉
連山都被…
…切
竟然全部被彈開了!!

他們攻過來了!!
我們上…九喇嘛
ズオオオ
チッチッチッチッ
ゴゴゴゴ
吼噢噢噢
噢噢噢噢噢

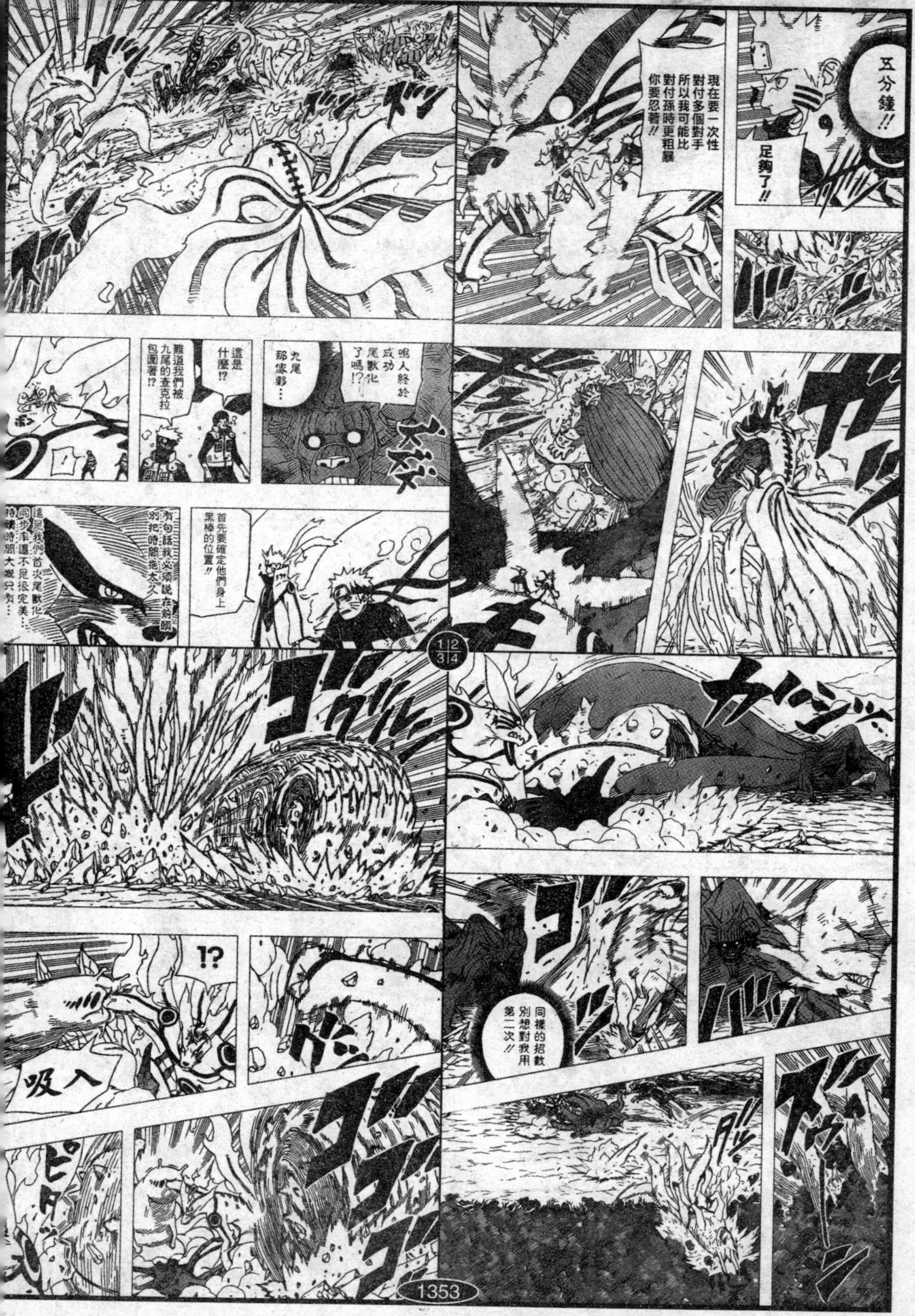
鳴人終於成功尾獸化了嗎!?
九尾那傢伙……
這是什麼!?
難道我們被九尾的查克拉包圍著!?
這是我們首次尾獸化同步率還不是很完美持續時間大概只有……
有句話我必須說在前頭別把時間拖太久
首先要確定他們身上黑棒的位置!!
五分鐘!!
足夠了!!
現在要一次性對付多個對手所以我可能比對付孫時更粗暴你要忍著!!
!?
吸入
同樣的招數別想對我用第二次!!

黑棒的位置全部找到了
這…簡直就是怪獸總動員啊…！
？
既然發展到這個地步……
那就表示獵殺你們的時機已經成熟了。
嗷嗷嗷嗷嗷!!!
嘶溜
!!
喂…這是不是太大了點？
尾獸們的力量被集中到一塊？
鳴人！該怎麼辦？
想利用同樣招數相抵消嗎？
可是鳴人一次都沒用過……
修行時雖然祇是偶然成功……
不過這次我相信他能行！
尾獸
玉!!
一閃!!

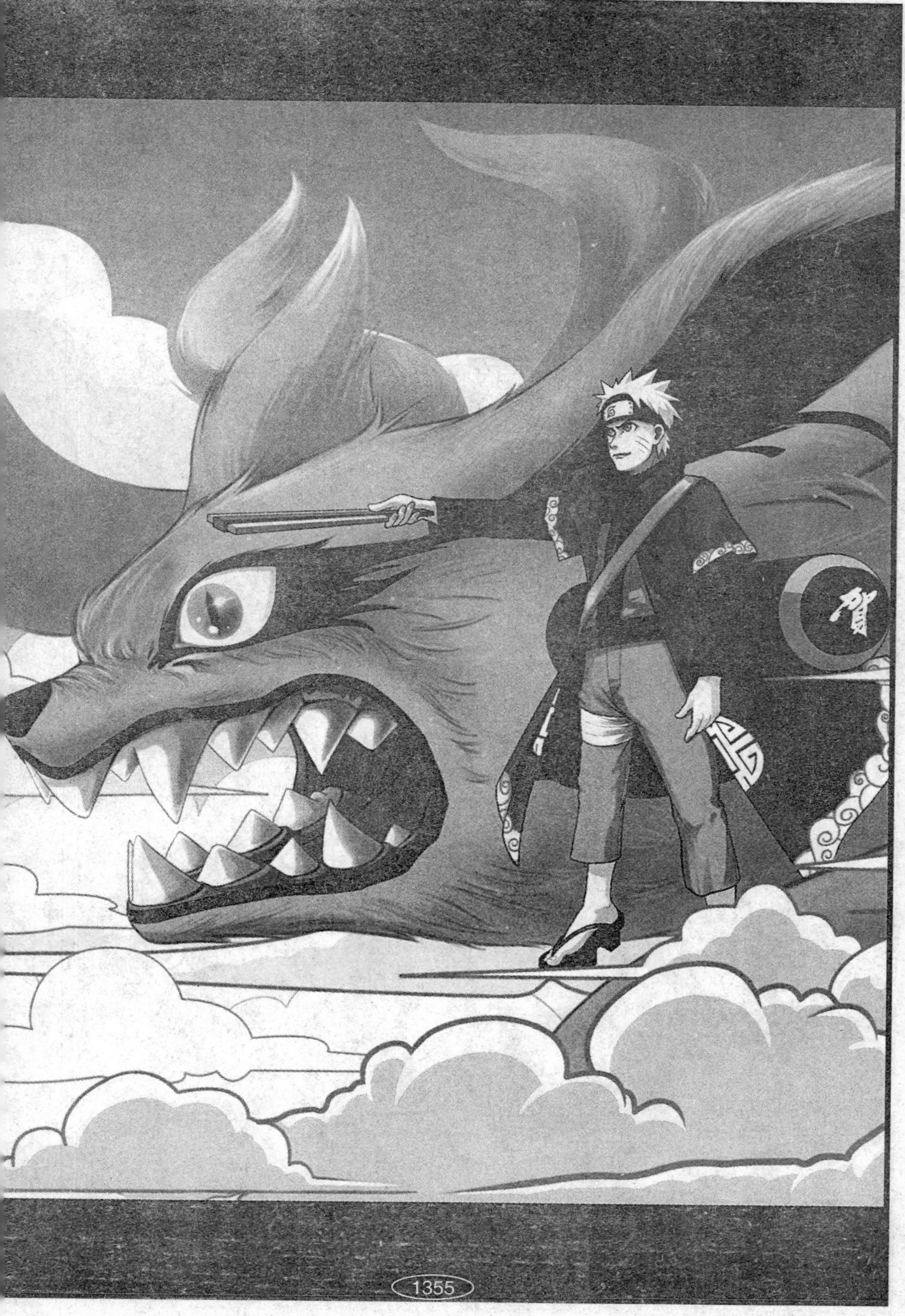
賀

NARUTO
-ナルト-
「ロック・リー」アニメ化記念！ 岸本斉史先生描き下ろし「NARUTO-ナルト-」特大ポスター!!

ロック・リーの
青春フルパワー忍伝
「ロック・リー」アニメ化記念！ 平健史先生描き下ろし「ロック・リーの青春フルパワー忍伝」特大ポスター!!

ロック・リーの青春フルパワー忍伝
せいしゅん
にんでん
兩個「日向」…臉倒是長得很相似…!?反正這回輪到寧次大顯身手啦!!
なんと!
テレビ
TVアニメ化けってい!!
15ページをチェックです!!
1357

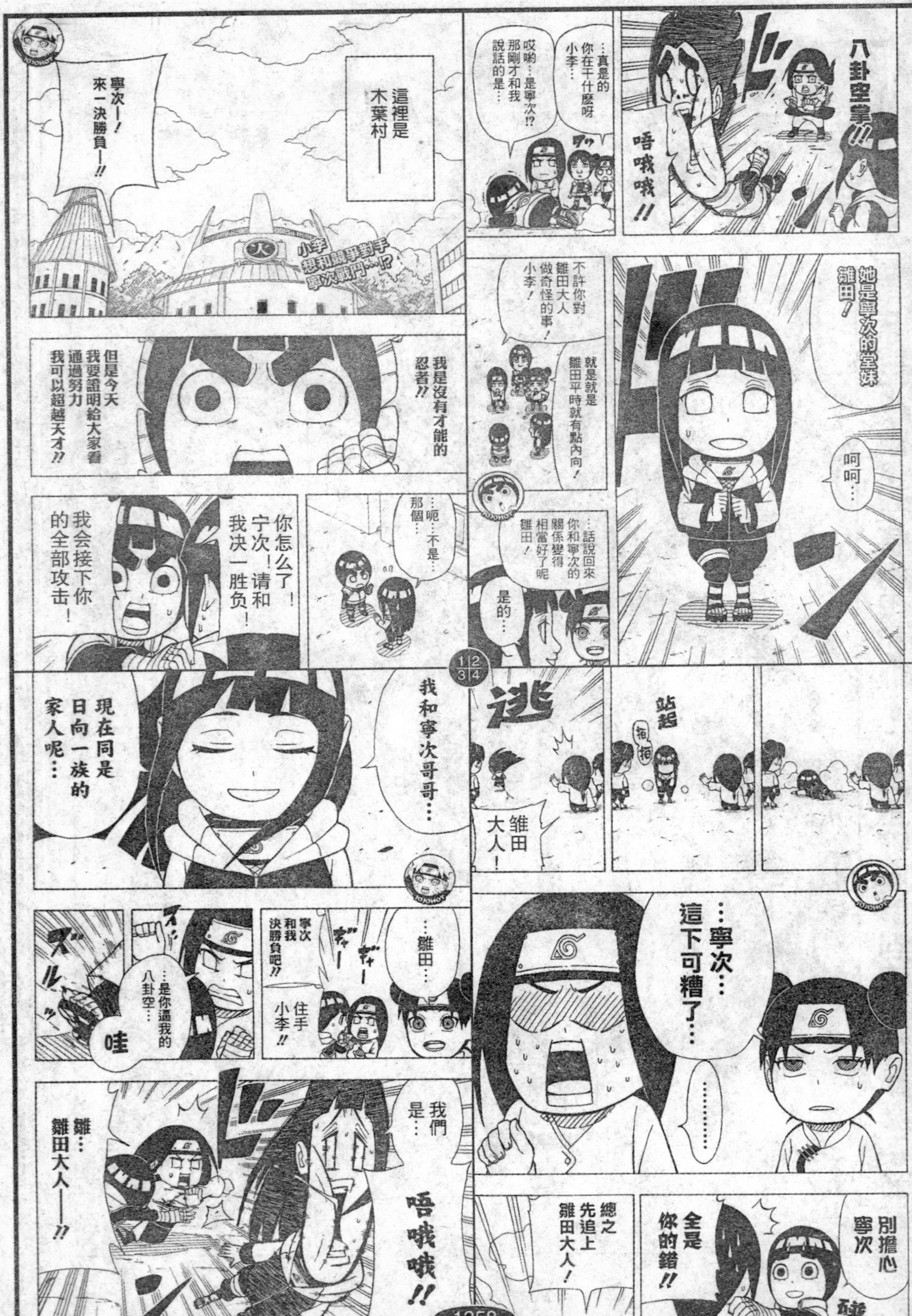
這裡是木葉村——
寧次——！來一決勝負——!!
小李想和競爭對手寧次戰鬥…!?
我是沒有才能的忍者!!
但是今天我要證明給大家看通過努力我可以超越天才!!
…呃…不是…那個…
你怎么了！宁次！请和我决一胜负！
我会接下你的全部攻击！
八卦空掌!!
唔哦哦!!
…真是的 你在干什麼呀 小李…
哎喲…是寧次!? 那剛才和我說話的是…
她是寧次的堂妹雛田！
呵呵…
不許你對雛田大人做奇怪的事！小李！
就是就是雛田平時就有點內向！
…話說回來你和寧次的關係變得相當好了呢雛田！
是的…
我和寧次哥哥…
現在同是日向一族的家人呢…
…雛田…
寧次和我決勝負吧!!
住手小李!!
…是你逼我的八卦空…
哇
我們是…
唔哦哦!!
雛…雛田大人——!!
站起
拍拍
逃
雛田大人！
…寧次…這下可糟了…
……
別擔心寧次
全是你的錯!!
總之先追上雛田大人！
碰

日向
好…好多寧次啊!!
嗯
不過是長得像啦!他們是一家人嘛!
即…即使是一家人也太像了吧!!
我反而覺得你們兩個不是親屬為何還能長得這麼像!!
啊!
雛田!
寧次雛田就交給我吧!
她現在一定很生氣!
我去哄哄她!!
一如既往華美的宅邸…
日向一族是自古就繼承優秀血統的名門世家
有這樣的宅邸是很正常的
果然和寧次很像呢……
日向一族代代相傳的能力
白眼
柔拳……
我聽說即便是現在也有很多忍者想要得到日向的能力…
雛田!你竟然在默默地努力!!
簡直和我一樣!!
抖
抖
是啊!你努力的樣子還有你的髮型都和我們很像!太好了——!!
你們哪裡是在哄人!!雛田都快哭出來了啦喂!!
雛田大人將來要接掌日向一族…
但是雛田大人沒有作為忍者的才能…
所以她才日以繼夜地努力著…
守護八卦六十四掌!!
討厭啦…!!我不喜歡被兩個人包夾啦!!
其實今天我們約好了我要幫她修行的
不過剛才發生了那種事搞得現在有些尷尬
……
…但是天才寧次爲什麼會這麼愛護雛田呢…
以前你們的關係明明不怎麼好的
要道歉的話就趁現在!
呼
呼
该道歉的是你才對!
…話說回來剛才…
雛田使用的是柔拳的絕對防禦「守護八卦六十四掌」

!!
雛田！
咳咳…… 咳咳
!!
……
我濫用了自己的力量傷害了雛田大人……
……
我曾經對雛田大人做了很過分的事……
那是我在和雛田大人對戰時發生的事了……
当时我感情用事对雛田大人做了不必要的……
！
宁次君…比赛已经结束了！
牙!!
嘿嘿……
和雛田是同班的忍者！
你也來啦赤丸
汪～～
什麼不準無視我!!
一起修行
聽到你這麼說那我們就一起幫她吧！
當然我做這些不是為當時的事贖罪…
而是想要借這份力量…
守護幫助雛田大人！
…寧次…
那我們也來幫雛田修行！
剛才的事情我也有責任…所以我也來幫忙
你們…
那也让我们加进来吧！
!?

那我們開始修行吧
6…6對1!?
慌慌
不是你想像的那樣!!
穿上我喜愛的緊身衣進行修行的話效果倍棒哦!
我們會協助你修行…
好 我先給個建議吧!
掏
噹——噹
…要是讓雛田大人穿上那個…
如何?寧次哥哥!!
…啊…那個…
到底怎么样嘛!
八卦六十四掌——!!
啊啊——!?為什麼!?
呼
呼
你们在跟什么!
!
啊 赤丸要小便…
不許在別人家的院里撒尿!把它帶到外面去!
糟了…赤丸好像已經忍不住了!
汪~…
到外面再撒!
汪~
淅淅瀝瀝…
啊
雛田大人——!!
八卦六十四掌——!!
汪嗚~~~!!
赤丸——!!
退下牙…
志乃!
讓我的「寄壞蟲」來協助雛田修行
若問為何 我一丁點的失誤也不會犯…!
雛田大人——!!!
剛才的噓噓把蟲子招惹來了!!

…大家都不行啊！
還是交給我吧！
我們先讓雛田把弱點克服掉吧！
雛田一見到鳴人就會暈倒所以我們…！
ズン
……
我已經想到將日向一族的能力收入我們逃忍囊中的方法了…！
哼哼…
寧次
都是你們的錯!!
我們走！
ドロン
……剛才的是…
垂頭喪氣
啊
是鳴人君…正在用影分身修行嗎…？
八卦六十四掌——!!!
パシッ
這招真是方便!!
寧次早已做好隨時可以吐槽的準備了!!
八卦六十四吐槽…這就是日向家被稱為名門的緣由嗎!!
喂喂別把日向家說成跟漫才世家似的!!
你处在我的吐槽领域内！
喂喂怎麼連本人也來勁了!!
八卦六十四掌——!!!!
唔哦哦!!
寧次居然這麼快就熟練吐槽了!!
唔哦哦!!
喂喂你們在幹什麼啊!!
逃走
雛…雛田大人…
雛田大人——!!

哼哼——上當啦!
呀
你們是誰!?
難道現在流行
鳴人君的
偽裝成漩渦鳴人誘出日向雛田作戰成功!
我們會盡全力把你帶回去你的能力就歸我們了索!
等等我們寧次~~!!
可惡!我居然沒有察覺到附近藏匿着逃忍!
找到了!雛田大人!
小妞還挺能打…
…那樣多對手雛田大人僅憑一己之力就…!
不過你已經玩完了!!哼哼哼!!
據說日向一族家人關係都不好!
誰都不會來幫你這種傢夥的!
閃
等等寧次!!
颯
寧次哥哥!!
…抱歉雛田大人
我必須向您道歉…
…如果是剛才那件事那倒不必了…
…不不僅僅是剛才的事
剛剛我把一件很重要的事情忘記了不小心做了件很過分的事…
…雛田大人…
我應該和您齊心協力互相保護對方才對…
因為我們是家人!
…寧…
寧次哥哥…

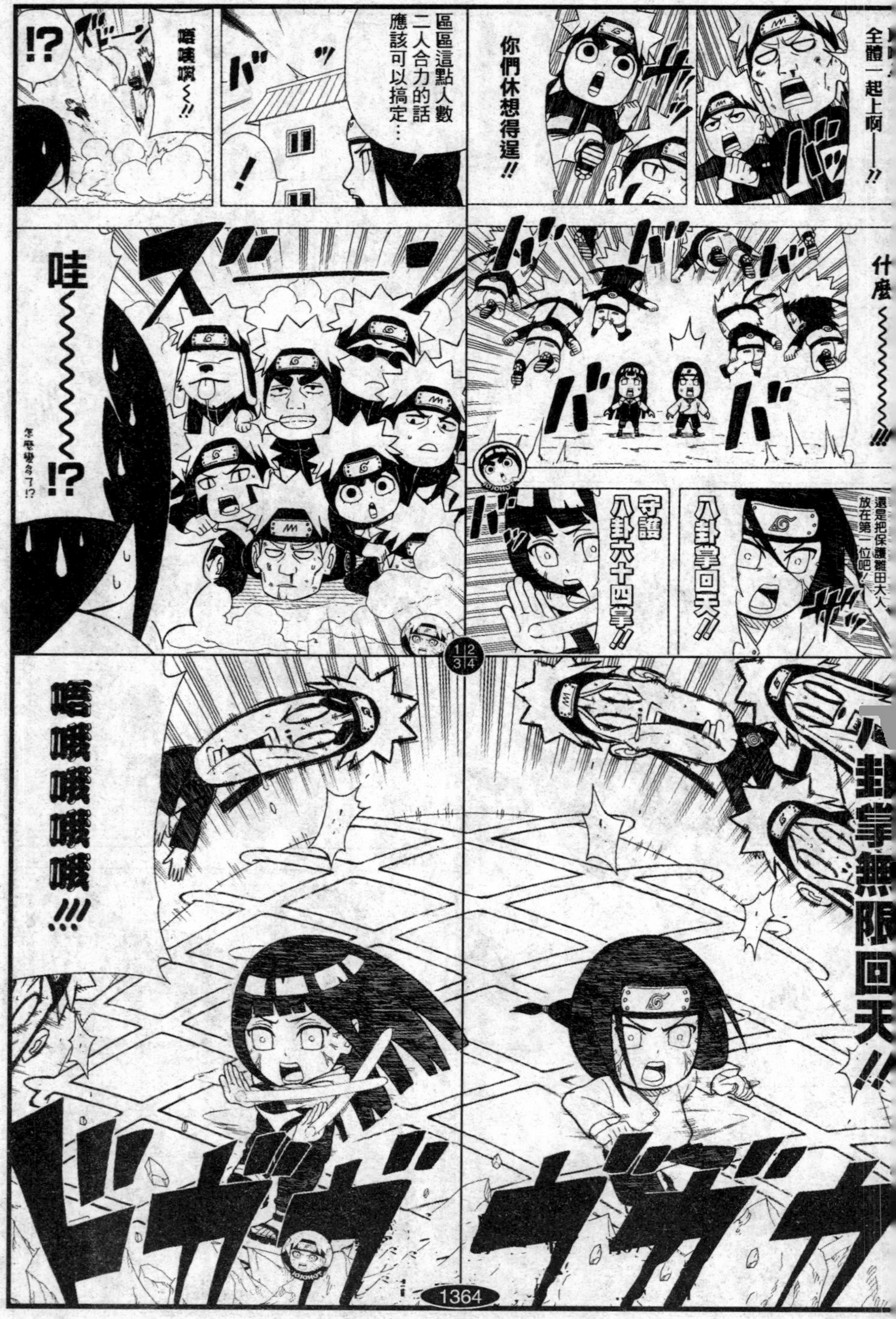
全體一起上啊——!!
你們休想得逞!!
區區這點人數
二人合力的話
應該可以搞定…
!
嗚哦啊~~!!
!?
什麼~~!!
還是把保護雛田大人放在第一位吧!
八卦掌回天!!
守護八卦六十四掌!!
哇~~!?
怎麼變多了!?
八卦掌無限回天!!
嗚哦哦哦哦!!!

スタ スタ
肚子餓啦！拉麵拉麵♪
グオオオ
唔哦哦!!
咦!?這是怎麼回事!?
哦…雛田…
ボン
真…真正的鳴人君…!!
くら
咦咦咦!?你怎麼啦ーー!!

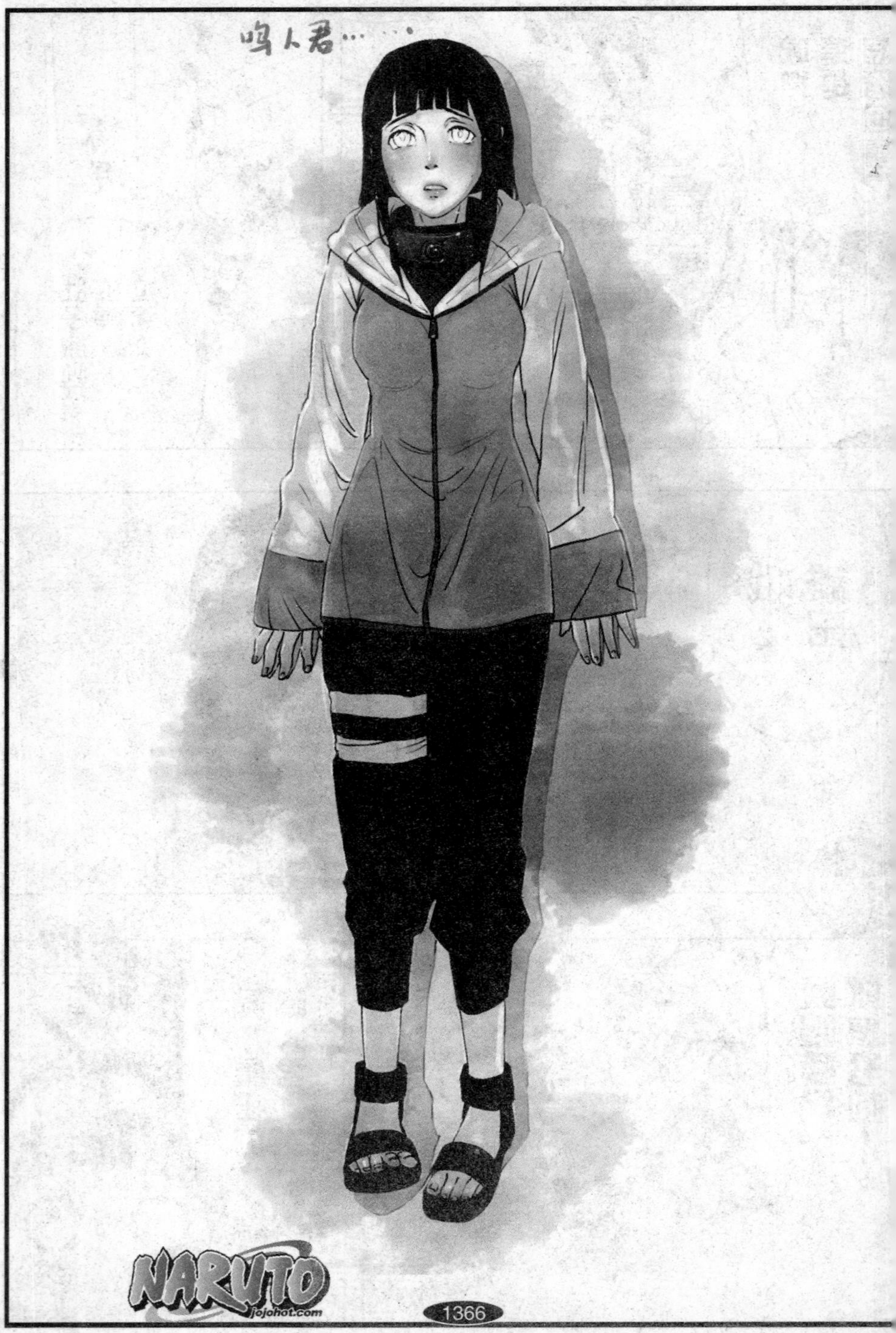
鸣人君……
NARUTO
jojohot.com

完成尾獸玉!!!!
NARUTO
岸本斉史
572:九隻尾獸的名字
ザッ
グググッ
シュルルルル
鳴人故意往偏下的位置發射尾獸玉，把對方拱上去……手法的確不錯……不過這規模也太大了!
……九尾果然很強……!

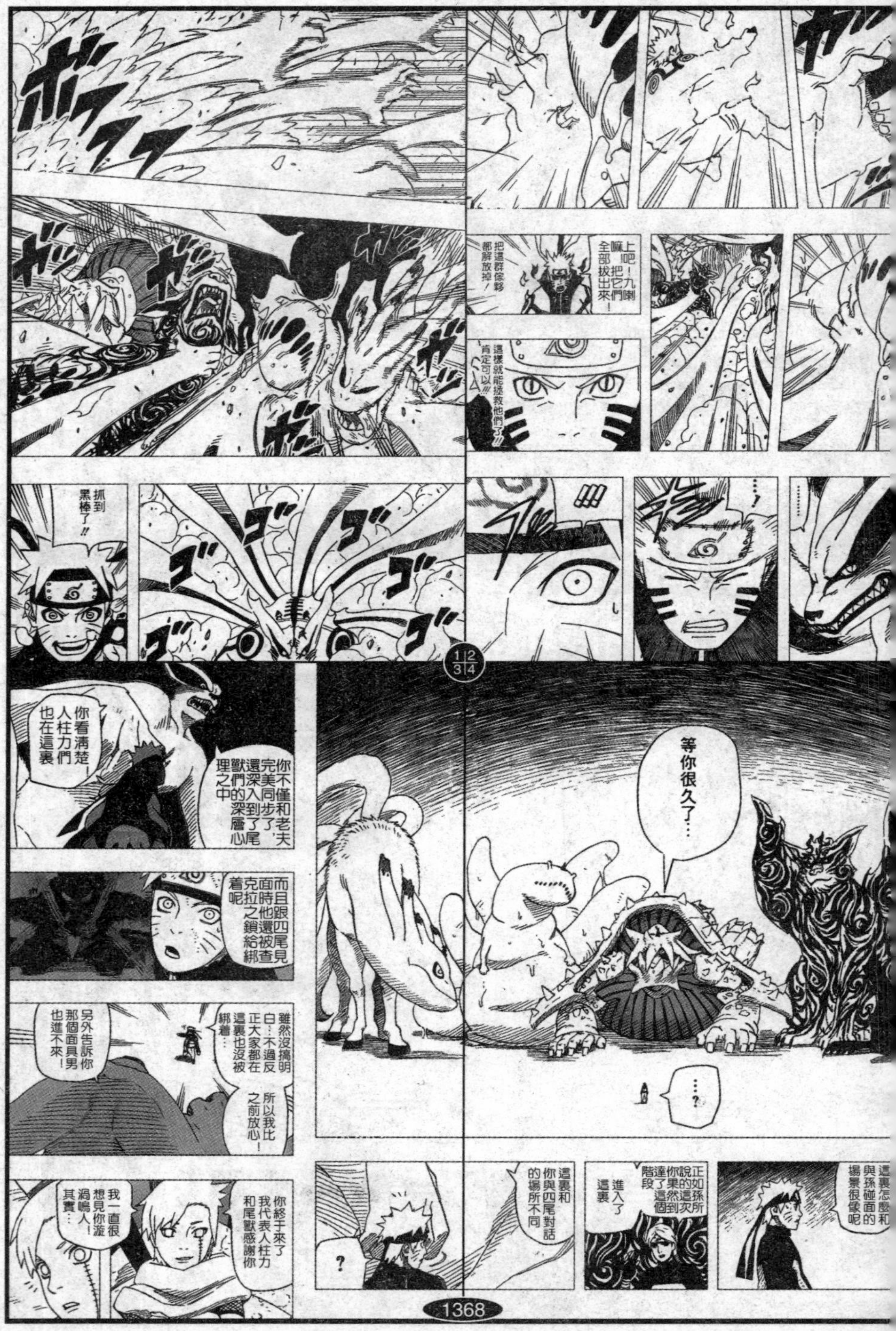
抓到黑棒了!!
上吧!九喇嘛!把它們全部拔出來!
把這群傢伙都解放掉!
這樣就能拯救他們了!! 肯定可以!!
!!!
…!
……
你不僅和老夫完美同步了,還深入到了尾獸們深層心理之中的
你看清楚!人柱力們也在這裏
而且跟四尾見面時他還被查克拉之鎖給綁着呢
雖然沒搞明白…不過反正大家都在這裏也沒被綁着…
所以我比之前放心
另外告訴你那個面具男也進不來!
等你很久了……
…?
這裏怎麼和與孫碰面的場景很像呢
正如孫所說的你果然還是到達了這個階段
進入了這裏
這裏和你與四尾對話的場所不同
?
你終於來了 我代表人柱力和尾獸感謝你
我一直很想見你漩渦鳴人!
其實…

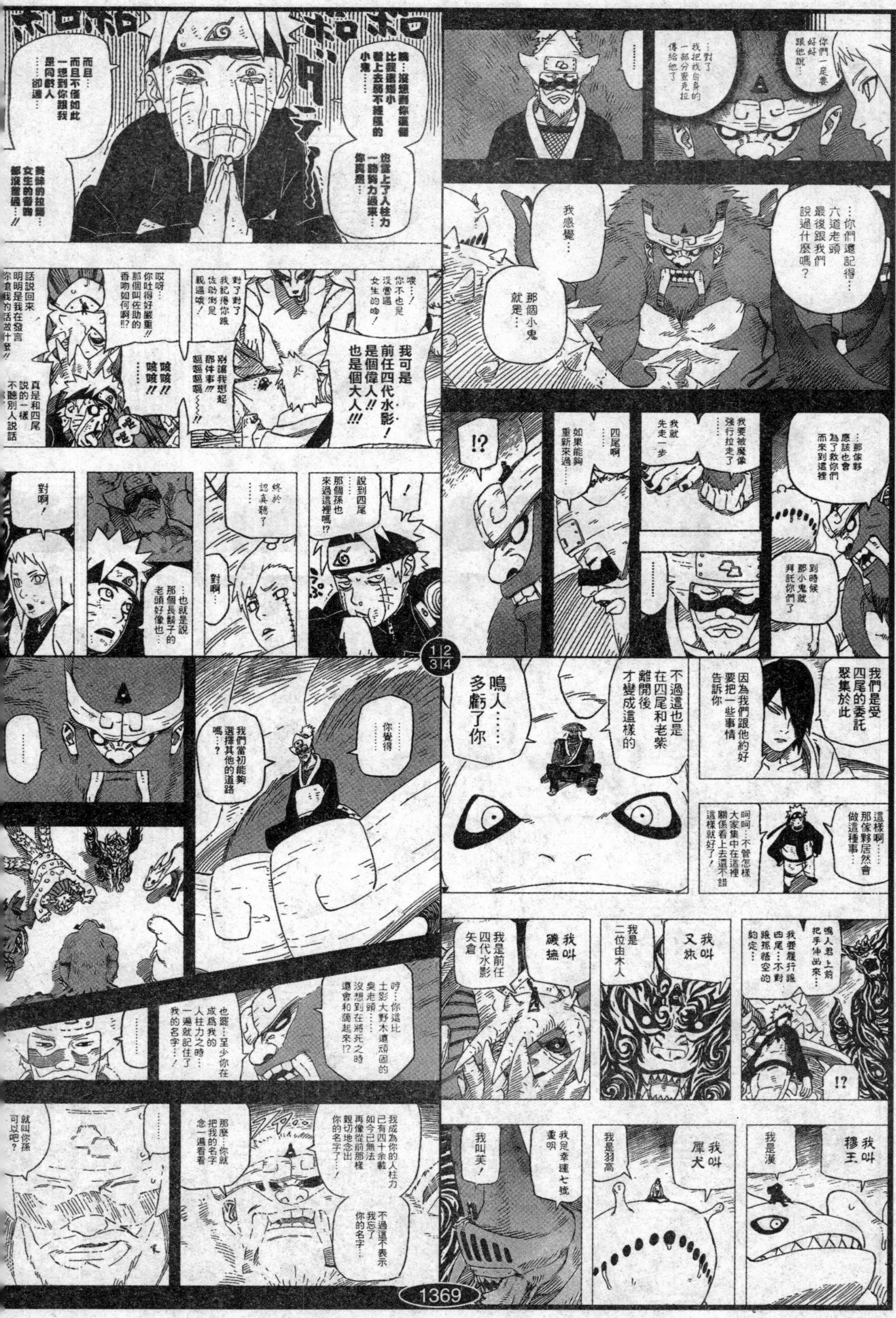
唔…沒想到你這個比我還嬌小看上去弱不禁風的小鬼……
你當上了人柱力一路努力過來…你真是…
而且…而且不僅如此一想到你跟我是同齡人……卻連…
美味的拉麵…女生的香吻都沒嘗過…!!
喂…!你不也是沒嘗過女生的吻!
我可是前任四代水影!是個偉人!!也是個大人!!!
對了對了我記得你跟佐助倒是親過哦!
別讓我想起那件事!!!嘔嘔嘔嘔~~~!!
哎呀…你吐得好嚴重!!那個叫佐助的香吻如何啊!!?
咳咳!!咳咳!!……
話說回來明明是我在發言你搶我的話做什麼!!
真是和四尾說的一樣不聽別人說話
!
說到四尾……那個孫也來過這裡嗎!?
終於……認真聽了
對啊…
對啊!
…也就是說那個長鬍子的老頭好像也…
你們一定要好好跟他說…
…對了我把我自身的一部分查克拉傳給他了
……
…你們還記得…六道老頭最後跟我們說過什麼嗎?
我感覺…
那個小鬼就是…
…那傢夥應該也會為了救你們而來到這裡
我要被魔像強行拉走了…
我就先走一步
四尾啊……如果能夠重新來過…
!?
……
到時候那小鬼就拜託你們了
……
你覺得……
我們當初能夠選擇其他的道路嗎…?
哼…你這比土影大野木還頑固的臭老頭…沒想到在將死之時還會和藹起來!?
也罷…至少你在成為我的人柱力之時…一遍就記住了我的名字…!
我成為你的人柱力已有四十余載如今已無法再像從前那樣親切地念出你的名字了…!
不過這不表示我忘了你的名字
那麼…你就把我的名字念一遍看看
……
就叫你孫可以吧?
我們是受四尾的委託聚集於此
因為我們跟他約好要把一些事情告訴你
不過這也是在四尾和老紫離開後才變成這樣的
鳴人……多虧了你
這樣啊……那傢夥居然會做這種事……
呵呵…不管怎樣大家集中在這裡關係看上去還不錯這樣就好了!
鳴人君上前把手伸出來…
我要履行跟四尾…不對跟孫悟空的約定…
!?
我叫又旅
我是二位由木人
我叫磯撫
我是前任四代水影矢倉
我叫穆王
我是漢
我叫犀犬
我是羽高
我是幸運七號重明
我叫芙!

我已經活不長了
守鶴．又旅．磯撫．孫悟空
穆王．犀犬．重明．牛鬼
九喇嘛
不管你們分散到什麼地方
你們都是同伴
而且終將會有一天
你們要合為一體……
你們將會以不同以往的形態
背負著各自的名字出發……
並且不會像在我體內時的那樣
你們將會被正確地引導
何謂真正的力量……
……到那時候
你們自然會……
你讓我們等太久了……
老頭子
唔嗅嗅嗅嗅嗅!!
唔嗅嗅嗅嗅嗅!!!
我也覺得……
嗯呃……
你們也是這麼
認為的吧……
鳴人其實
就是老頭的……
對啊……
我同意……
是吧……
消失

…沒想到你能夠完全控制住九尾
不過…你也逞不了多久威風
一切都和原來一樣

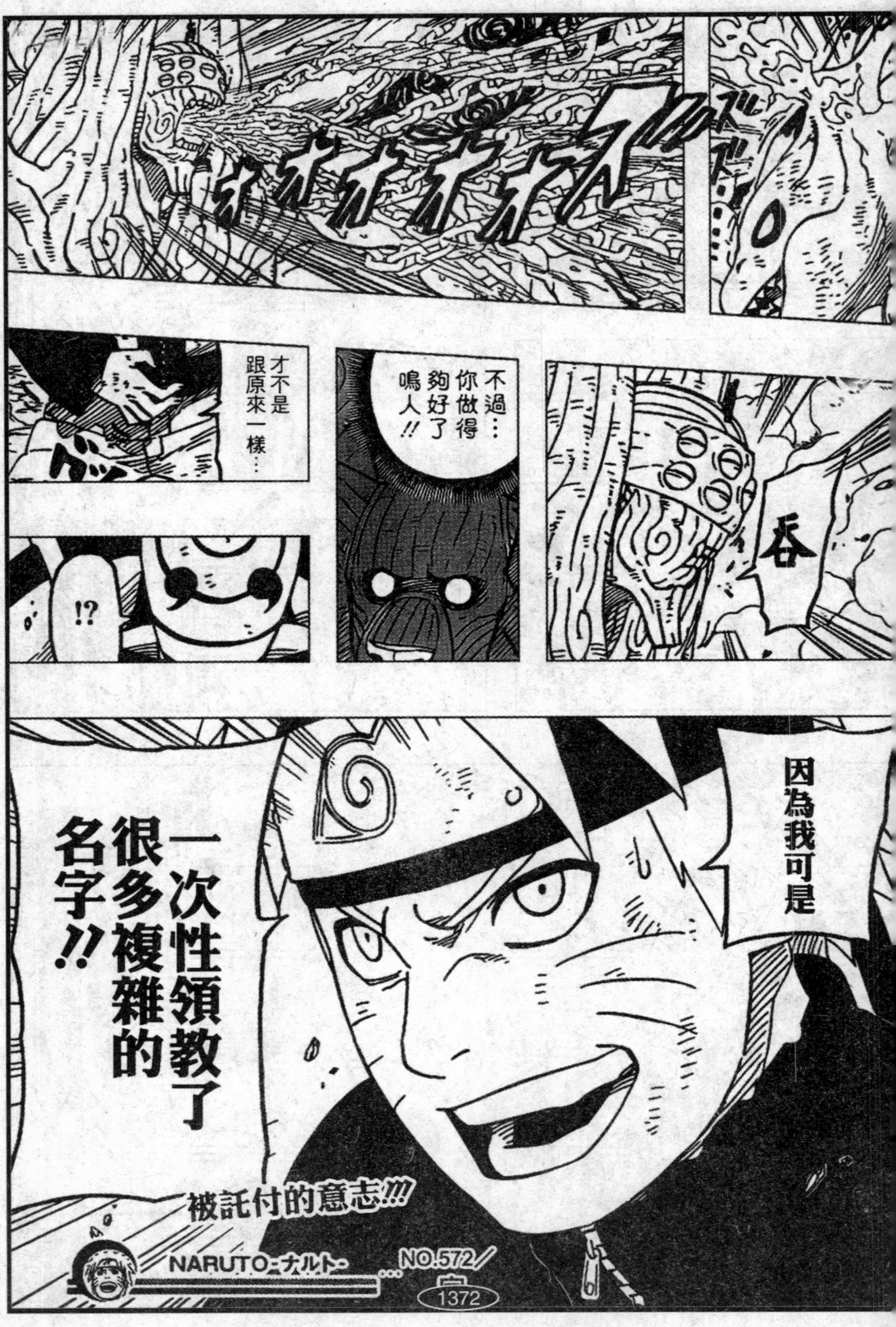

呑
不過……你做得夠好了鳴人!!
才不是跟原來一樣…
グッ
!?
因為我可是
一次性領教了很多複雜的名字!!
被託付的意志!!!
NARUTO-ナルト-…NO.572/完

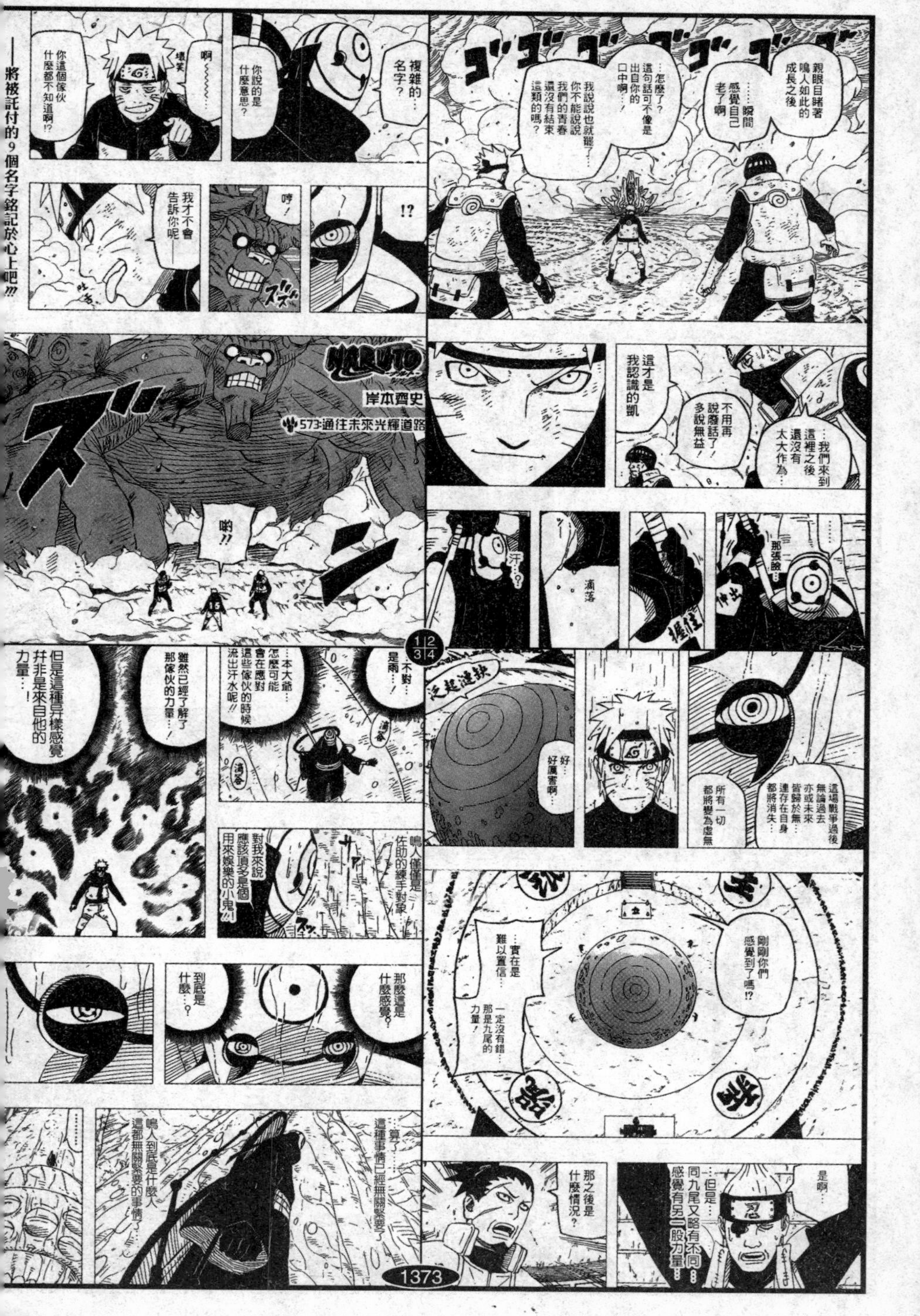

——將被託付的9個名字銘記於心上吧!!!
複雜的…名字?
你說的是什麼意思?
啊~~~~
壞笑
你這個傢伙什麼都不知道啊!?
!?
哼!
我才不會告訴你呢——
ズズ
NARUTO
岸本齊史
573:通往未來光輝道路
ズ
ン
喲!!
ゴゴゴゴゴゴ
親眼目睹著鳴人如此的成長之後
……瞬間感覺自己老了啊
…怎麼了?這句話可不像是出自你的口中啊…!
我說說也就罷了…你不能說我們的青春還沒有結束這類的嗎?
…我們來到這裡之後還沒有太大作為…
不用再說廢話了!多說無益!
這才是我認識的凱
……
那張臉…
握住
滴落
汗…?
不對…是雨…!
…本大爺怎麼可能會在應對這些傢伙的時候流出汗水呢!!
滴答
滴答
雖然已經了解了那傢伙的力量…!
但是這種異樣感覺並非是來自他的力量…!
鳴人僅僅是佐助的練手對象
對我來說應該頂多是個用來娛樂的小鬼…!
ズッ
那麼這是什麼感覺
到底是什麼…?
…算了…這種事情已經無關緊要了
鳴人到底是什麼人這都無關緊要的事情了
泛起漣抉
這場戰爭過後無論過去亦或未來皆歸於無連存在自身都將消失
所有一切都將變為虛無
好…好厲害啊…
剛剛你們感覺到了嗎!?
…實在是難以置信…
一定沒有錯那是九尾的力量!
是啊…
…但是…同九尾又略有不同…感覺有另一股力量…
那之後是什麼情況?

漩渦鳴人用十分強大的力量牽制著帶面具的斑…不可思議的強勢查克拉!
不對…不如說壓制著…
其中包括比先生卡卡西先生和凱先生僅僅四個人就…!!
……
亥一!盡可能用上所有力量將鳴人這邊的情況直接傳到增援部隊全員的腦中!
用15秒!!
趁著機會我們要振奮大家的士氣!!
他們四個人用盡全力在奮力堅持著那麼我們這裡也要貢獻自己的所有力量
將他們的那份堅持傳遞給大家!!
全員…?
倘若如此,會給查克拉的經脈系統帶來過大的負擔…稍有不慎的話……
胡說八道…10秒就夠了!
亥一先生!!
不好意思…但這是很重要的事情!
截取重點好好組織一下語言
雖然本人嘴比較笨不過放心交給我吧!
來自本部的通知…!
!!
增援地點情勢占優!
也就是說—
漩渦鳴人為大家在努力奮戰!
我們忍者聯合軍應守護的鳴人和比先生!
在前線以頑強的信念在戰鬥者!
還有卡卡西凱也在一同戰鬥者!
所以我們聯合軍也要融入到這信念中…!!
大家的這份頑強的信念是……
滴血
是開啟這場戰爭勝利之門的預言!!
咳!!
喘!
果然…我还是不善言辭啊…
呼…
結果花了20秒…
喘
隊長…
…啊啊…
那正是…有堅強的信念在支撐着你
抱歉

※雨滴
鳴人君……
我一直…一直…
一直在追逐著你的背影…
然後…
現在依然追逐著
…但是
這場戰爭結束後
我決定
不在後面
追逐你
……
請等等我!!
下次要在鳴人君的身旁緊緊握住你的手
和你用相同的步伐前行!
※飛奔
鳴人…很久以前
我就把你
標上了記號
作為我的對手!
我追上你之前
就拜託你
先對付斑了!!
我的忍術
可以完美的
配合鳴人…
沒有要說
為什麼……
的必要了!
好像还
幹的不錯啊
鳴人那傢伙…
…那家伙
虽然想象不到
除了蛮干外
还有什么能耐
简单一看…
实际上
就是个脑子
不好用的家伙
鳴人是傻瓜
我是肥豬…
雖說這種概念
已經深入人心
也會有
出人意外
的情況
發生啊!
等著我們
超級笨蛋鳴人!
瘦身丁次去找你了!!
真不是個
冷靜的思考對策
的角色吶
正因如此
我才在這裡…
等著啊鳴人
馬上就過去了!
父親…
謝謝你…!
是父親把
鳴人堅強的信念
傳遞給了大家…
那個預言
一定要
將其實現!
凱老師
沒問題吧!?
好好的
保護著鳴人
吧!?
雖說卡卡西老師
也在…
應該是沒問題
的
…如果沒有
下雨的話
就可以用
超獸偽画
飛過去了…
比起發牢騷
不如趕快
加速跑去
佐井!!
作為對
凱老師的英姿
鳴人的英姿
的回應
這正是
貫徹自己忍道
的時候!

嗯……
這就是……所謂同伴的感覺……現在的我已經完全明白了……鳴人
……
鳴人……你拯救了木葉村……
然後這次又將拯救忍者世界……
一次又一次你總是要擔負起如此艱巨的任務
但是不管這次你會說些什麼呢？你身邊……
不僅僅有我……
這次是大家一起同你並肩作戰！

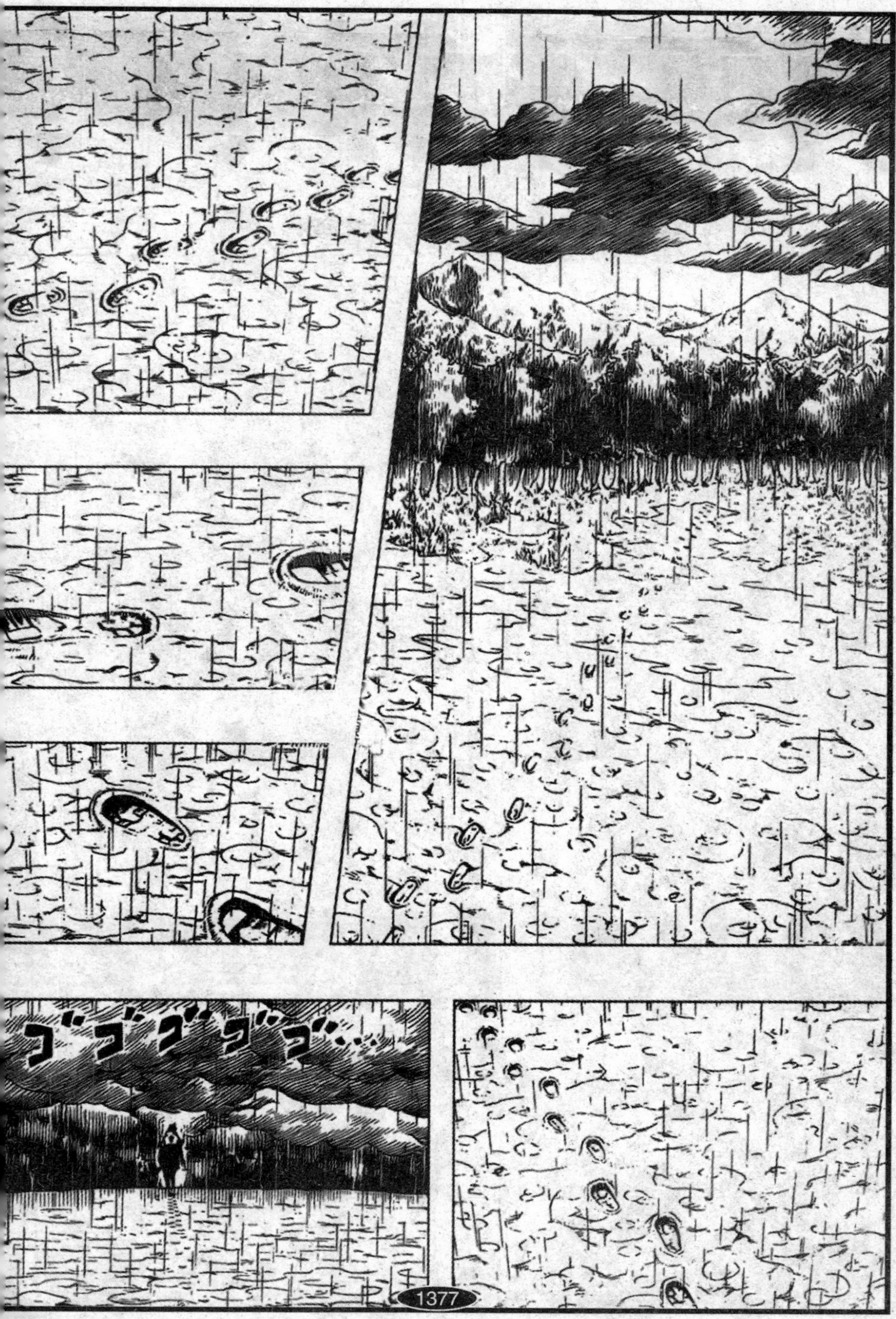
ゴゴゴゴゴ…

ゴロロロ……
スッ…
不同的道路還未有交點…
修羅、屹立在戰場!!!

NARUTO
岸本齊史
574：望著黑暗的眼
キャ～♡
不變的耍…!?
他還是那麼的帥～～～!!♡
…但是他居然敢對老娘起殺心!!
這個～～～
ピタッ
混蛋～～～怎麼就那麼帥～～～♡
不對!!!這個混蛋老娘才不會原諒你的啦～～～
ガッ
バッ
那傢伙…從剛才開始在搞什麼鬼啊?
好帥～～～♡
居然是手工做的照片…而且一直對著那東西自言自語的…
看上去真可憐啊…想必是遇到了相當大的打擊…
嗯…那個不是佐助的照片嘛…
…看來該把那玩意兒沒收了?
要是沒收了她就會跟發瘋了似的鬧個沒完!
唉 反正現在這樣她還算是安分。
那麼…我們也安安分分地打打牌吧…
根據這些小鳥們所說的…
…似乎已經開戰了…
在我們被捲入戰爭前最好趕緊找到佐助!
ザッ
要是佐助在這個秘密基地裡就好了
他不會是又要暴走了吧?
佐助也好香燐也罷，還有重吾，我根本搞不清楚蛇啊鷹啊什麼的
真是的…除了我之外都是些無聊的要死的家伙
唔…
對了，有件關於你的事我比較在意啊
是嘛！我對你可是一直都很在意…總是戰戰兢兢的
我是因為和君麻呂有約定才跟著佐助…
你難道只是為了故意找香燐和佐助的茬而留在「鷹」的?
……
哼哼！我就是忍不住要硬生生地拆散快成對的鴛鴦!
反正就是…有把所有連在一起的東西都用刀劈成兩半的衝動!
我就是這種人啊!
サワ
…你真是個無聊得要死的傢伙
!
哼…
要說這個佐助才更可怕用無聊來形容他都算高估他了!
…我十分討厭你們這群人!
你們一說話我就反駁你們!
你們一決定要幹什麼我就潑你們冷水…所以呢
唔嗷嗷嗷嗷!!
去死～～～!!

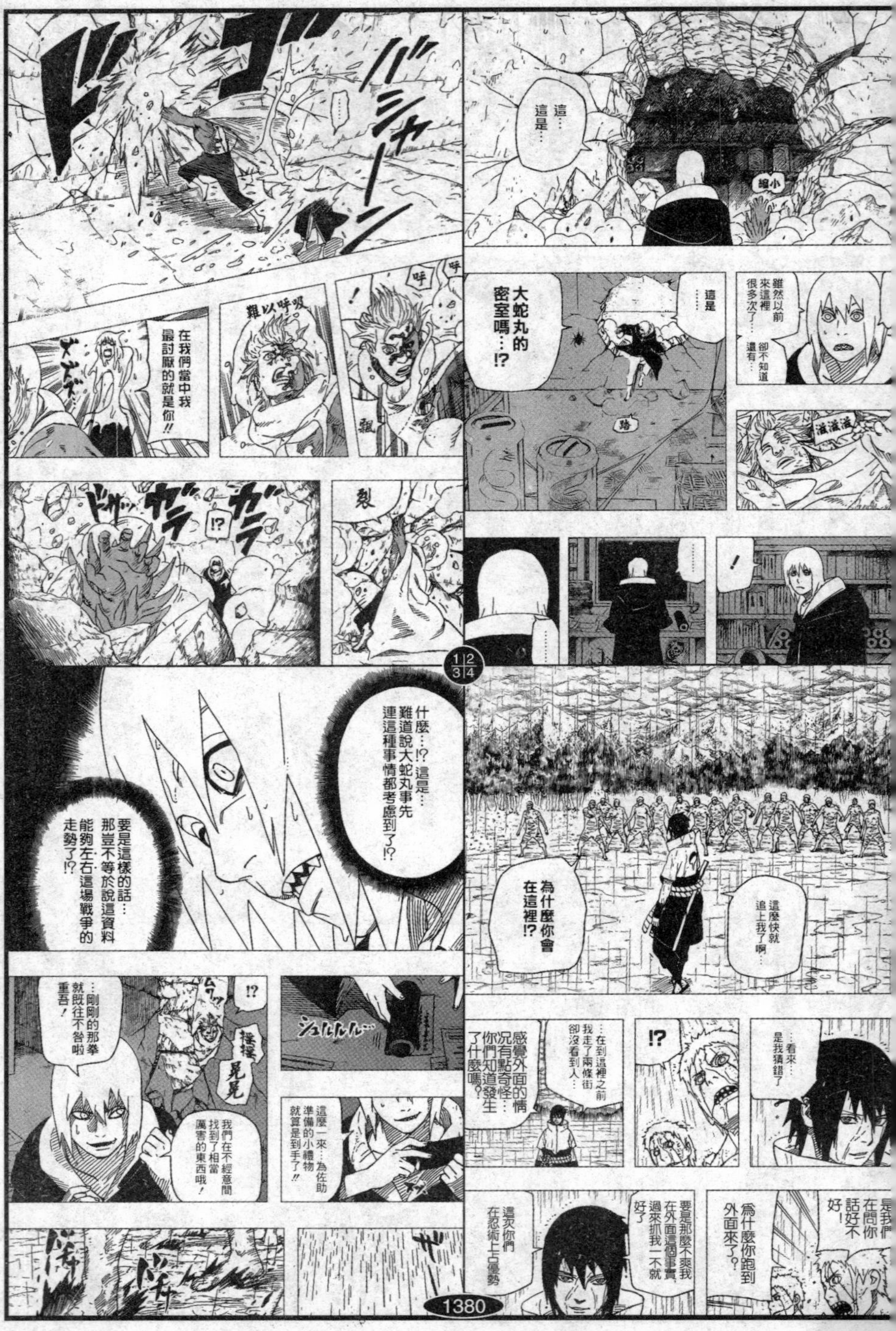

這…這是…
縮小
這是……
雖然以前來這裡很多次了…卻不知道還有…
大蛇丸的密室嗎…!?
踏
滋滋滋
!
……
……
ドゴゴ
バシャーン
……
呼
呼
!
難以呼吸
飄
在我們當中我最討厭的就是你!!
裂
ガラ
!?
ガラ
為什麼你會在這裡!?
這麼快就追上我了啊……
…看來…是我猜錯了
!?
…在到這裡之前我走了兩條街卻沒看到人…
感覺外面的情況有點奇怪…你們知道發生了什麼嗎…?
是我們在問你話好不好!
為什麼你跑到外面來了?
要是那麼不爽我在外面這個事實，過來抓我一不就好了
這次你們在忍術上占優勢
什麼…!? 這是…難道說大蛇丸事先連這種事情都考慮到了!?
要是這樣的話…那豈不等於說這資料能夠左右這場戰爭的走勢了!?
!?
搖搖晃晃
…剛剛的那拳就既往不咎啦重吾!
シュルルル
我們在不經意間找到了相當厲害的東西哦!
這麼一來…為佐助準備的小禮物就算是到手了!!

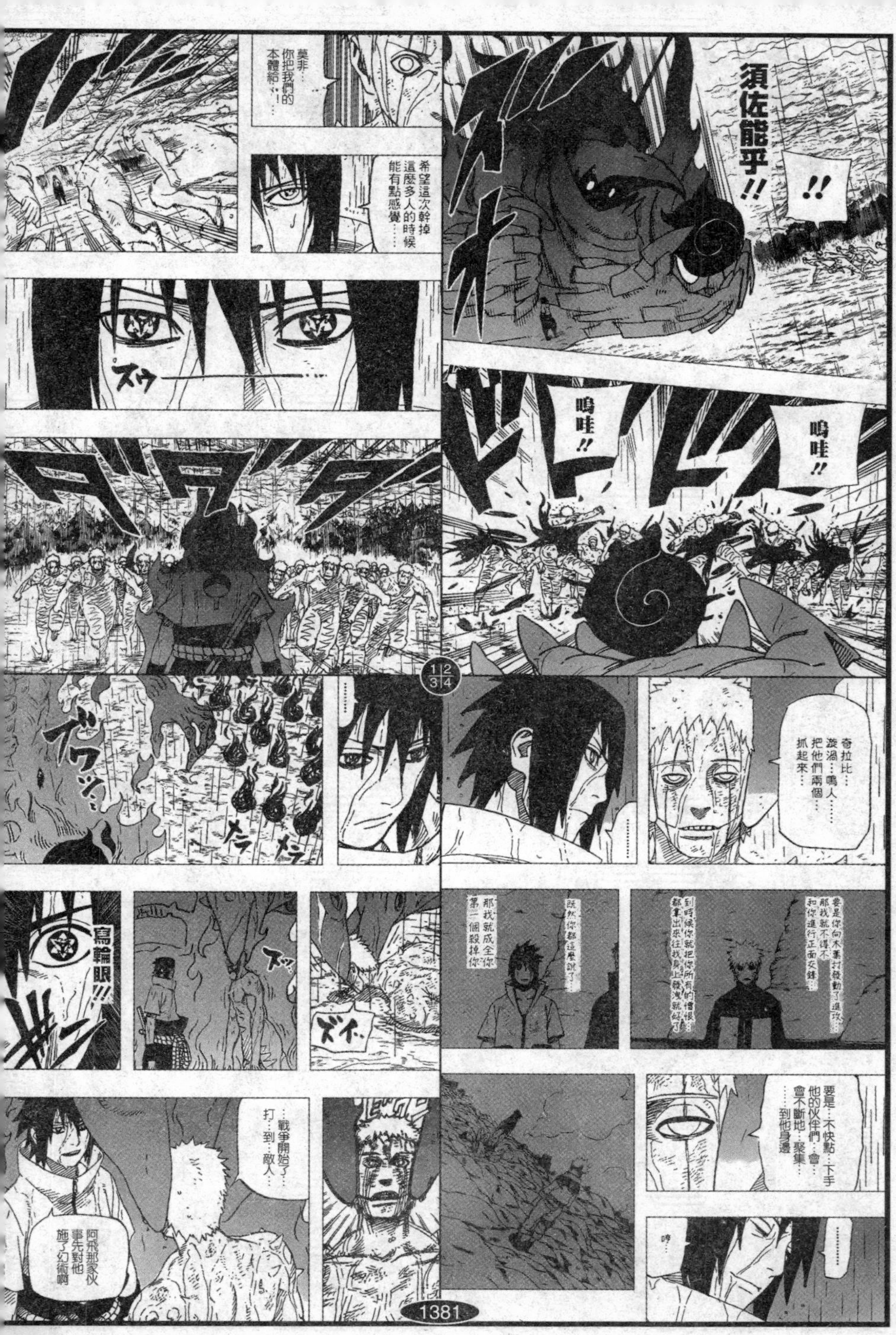
莫非…你把我們的本體給…！
希望這次幹掉這麼多人的時候能有點感覺……
スウ
須佐能乎!!
!!
嗚哇!!
嗚哇!!
……
寫輪眼!!
ズッ
ズイ
…戰爭開始了…打…到…敵人…
阿飛那家伙事先對他施了幻術嗎
奇拉比…漩渦…鳴人……把他們兩個抓起來…
……
要是你向木葉村發動了進攻…
那我就不得不和你進行正面交鋒…
到時候你就把你所有的憎恨都拿出來往我身上發洩就好了…
既然你都這麼說了…
那我就成全你第一個殺掉你
要是…不快點…下手
他的伙伴們…會…會不斷地…聚集…到他身邊
……
哼…

你跟我是同一類人 瞭解孤獨有多麼的痛苦
那份痛苦能夠讓人們變得強大起來
正因為如此…我才更需要將我們的羈絆
狠狠地斬斷開來 以獲求更強大的自我!
將我們宇智波一族從這個腐朽的世界裡剔除出去
從某種意義上來說 這是你們木葉村所嚮往的結果嘛
嘶—
握
既然你們從很早以前就如此否定宇智波一族的存在
那我就如你們所願 將宇智波從你們的記憶中抹去
你忘了嗎 鳴人…
何為真正的強大……
我會將你們將木葉村的一切都抹殺掉!
將所有的羈絆都斬盡殺絕才是真正的淨化!
只有這麼做宇智波一族才能夠東山再起!
我這就去找你…
將你斬殺!!
飛
你們不屬於木葉忍者…
殺了你們也跟約定無關…
真是好眼睛 融合得越來越好了 哥哥……
嗚哇哇!!
等你擁有與我相同的眼睛後 再到我的跟前來
……
…哥哥的這雙眼裡還殘留著哥哥以前所看到的光景……
殘忍不堪…悲傷不已… 沉重得無法直面…
不過你做得相當正確… 多虧你幫我看到這些
哥哥……

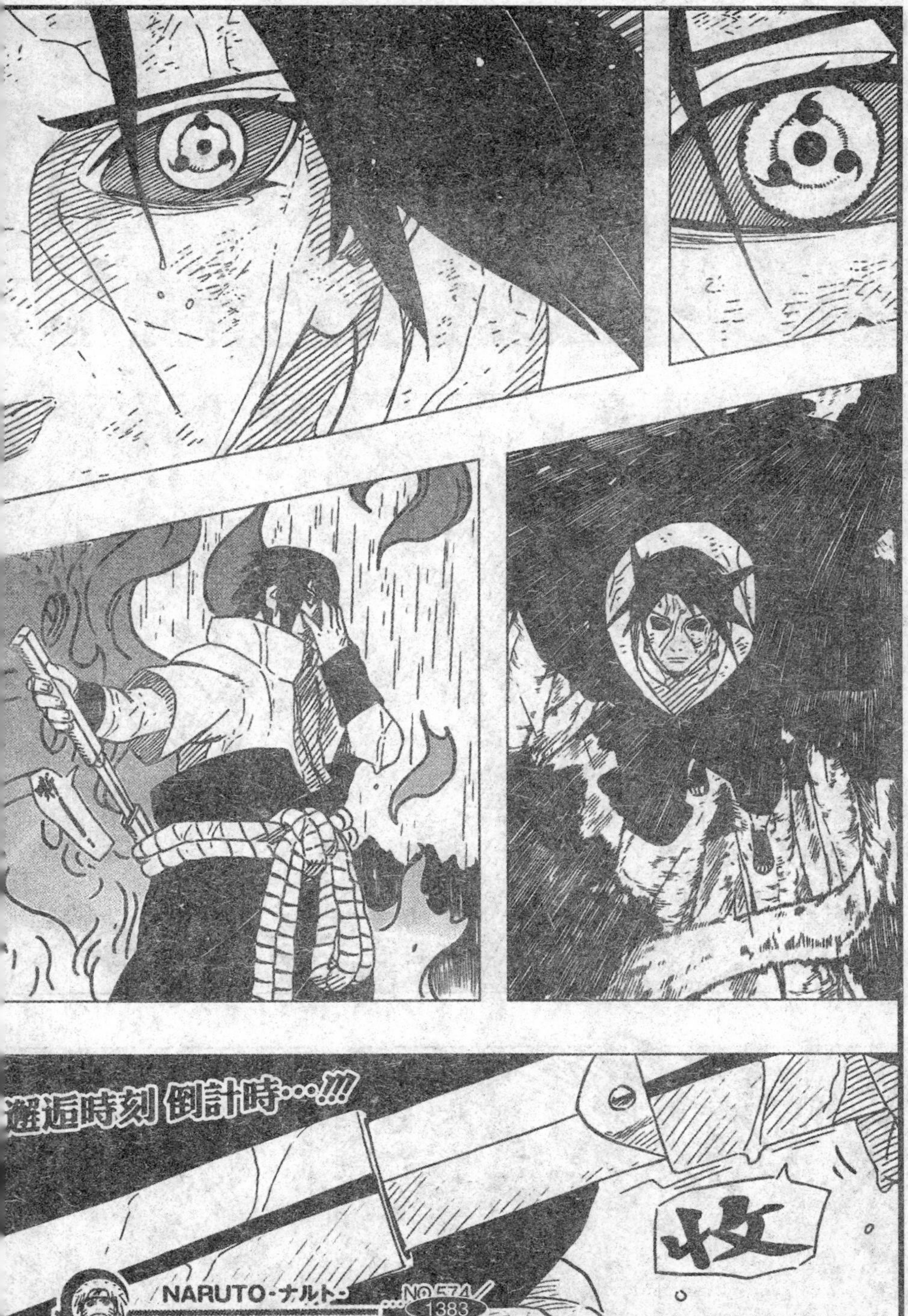
邂逅時刻 倒計時…!!!
杖

激戰，斑VS五影!!!
NARUTO
岸本齊史
575：頑石般的意志
木遁……

花樹界降臨!!
啊!
跳
那是…爺爺的…
要朝我們靠近了!怎麼辦?
風影!
…!
明白!
那是什麼?
大家要注意那花粉!不要吸入體內!
這是…何等規模啊…居然在一瞬間創造出一片森林!
這可不是樹界降臨而是花樹界…
兜這混蛋…!
人們都說像初代火影千手柱間那樣的忍者已經不存在了
見識過他力量的人都盛贊他是如同六道仙人一般的神話
這個神話…會在此時此刻成為現實…!
站住!你這混蛋!

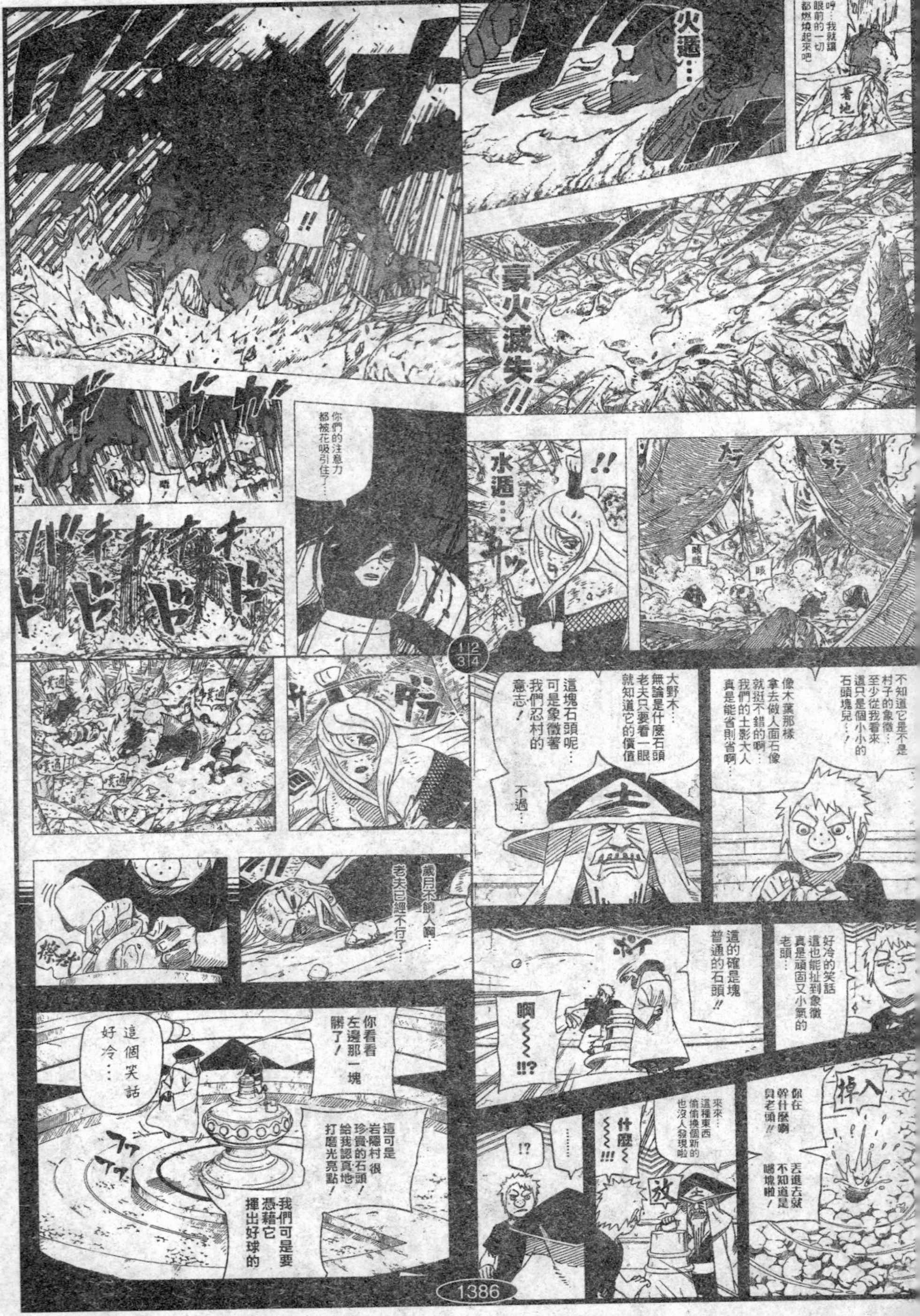
呼…我就讓眼前的一切都燃燒起來吧
火遁…
豪火滅失!!
水遁…
!!
咳咳
咳
!!
你們的注意力都被花吸引住了…
不知道它是不是村子的象徵…至少從我看來這只是個小小的石頭塊兒…!
像木葉那樣拿去做人面石像就挺不錯的啊…我們的土影大人真是能省則省啊…
大野木…無論是什麼石頭老夫只要看一眼就知道它的價值
這塊石頭呢…可是象徵著我們忍村的意志!
不過…
好冷的笑話這也能扯到象徵真是頑固又小氣的老頭…
這的確是塊普通的石頭!!
啊~~~!!?
掉入
你在幹什麼啊臭老頭!!
丟進去就不知道是哪塊啦!
來來…這種東西偷偷換個新的也沒人發現啦
放
什麼~~!!!
……
!?
歲月不饒人啊…老夫已經不行了…
擦拭
你看看左邊那一塊髒了!
這個笑話好冷…
這可是岩隱村很珍貴的石頭!給我認真地打磨光亮點!
我們可是要憑藉它揮出好球的

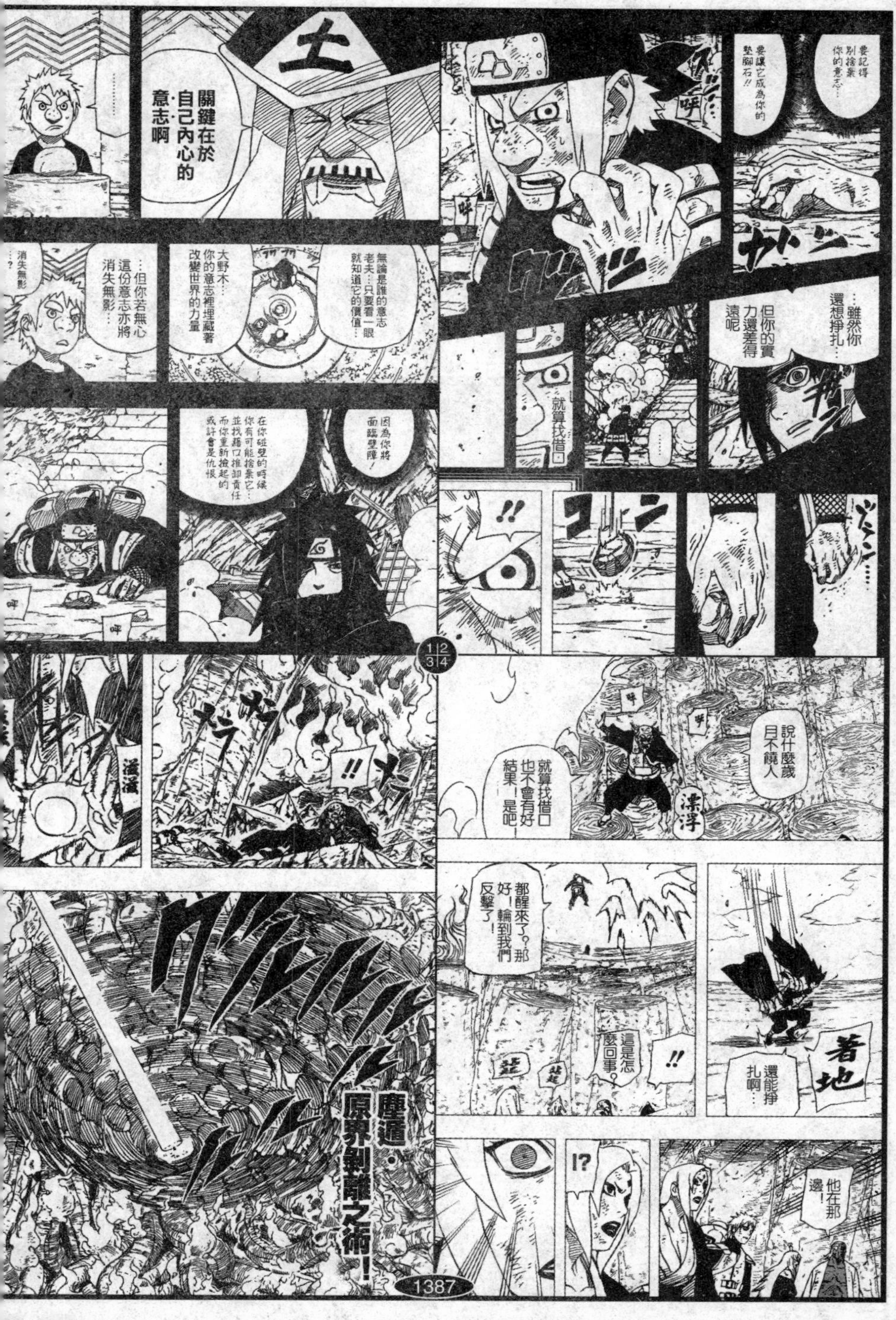
關鍵在於自己內心的意志啊
……
無論是誰的意志老夫…只要看一眼就知道它的價值…
大野木…你的意志裡埋藏著改變世界的力量
…但你若無心這份意志亦將消失無影…
消失無影…？
因為你將面臨壁障！
在你碰壁的時候你有可能捨棄它…並找藉口推卸責任而你重新撿起的或許會是仇恨
呼
呼
要記得別捨棄你的意志
要讓它成為你的墊腳石！！
呼
…雖然你還想掙扎…
但你的實力還差得遠呢
就算找借口
……
！！
滋滋
！！
塵遁·原界剝離之術！
說什麼歲月不饒人
就算找借口也不會有好結果！是吧！
漂浮
都醒來了？那好！輪到我們反擊了！
著地
還能掙扎啊…
！！
這是怎麼回事？
他在那邊！
！？

不過你們的實力還太嫩了
スッ…
……
呵呵…這和大蛇丸大人在團藏身上做的實驗可是不一樣的哦
那可是曾經比斑還要強大的初代火影…現在我將他們兩人融合成了我的王牌!!
我就在想為什麼有種奇怪的感覺…
難怪連木遁都能使用…
那是初代火影的面孔嗎?
我的穢土轉生可是誰都無法阻止的…!!
被引導的命運…!!!

1 2
3 4
再一次的邂逅
接下來……!?
NARUTO
-JOJOHOT.COM-
岸本齊史
576：再會的路標
……

……
……你是鼬嗎!?
等等!!
跳
叫你等等!!
我都說了……
真沒想到
連你都已經會用這招了啊
為什麼你會在這裡!?
你不是已經離開人世了嗎!!
……
這是兜的忍術……現在的我是穢土轉生出來的
現在我不能停下……
因為我有不得不做的事
跳
我才不管你要去幹什麼!!
既然你都出現在了我的面前……
我還有一大堆問題要問你!!
等下再說……
不過我想你也不會聽的……
!!
須佐能乎……!!
……
這……須佐能乎
你……果然是……鼬……!

這·可·是·你·的·眼·睛·!!
……
你說過的!
等你擁有與我相同的眼睛後再到我的跟前來!
現在你為何要逃!?
是因為對我撒了謊而感到內疚嗎!?還是因為你沒勇氣說出真相!?
無論是你的痛楚也好覺悟也好
佐助他應該是能夠理解的吧!!
……
我已經……知道了你的一切……!
所以我決定要摧毀木葉!
但是佐助非但沒有繼承你的意志反而一意孤行準備將木葉摧毀掉!
瞭解到木葉把最心愛的哥哥弄得那麼痛苦後他打算向木葉發動復仇戰爭!
你那逞強的口氣依然沒變啊……
不過我從別人口中聽說了你之後的行為……
沒想到你變了這麼多……
在我們戰鬥時我應該說過了……
…人都是活在自己的執念中的你難道不這麼認為嗎
現實也許只是鏡花水月……
我的真相其實……
我已經不在鏡花水月之中了!!
我已經破解了你的幻術!
不是的!!
是你改變了我的一切!
我本該死去!
本該和父母一同被你殺掉的!
……但是
為什麼他當時沒能殺了你你知道他那麼做的意思嗎?
對於那傢伙來說你的生命比村子更加貴重
為什麼是我…!!
我和父母有什麼不同!?
為什麼只偏袒我…
然後鼬就決定了
他決定親手為宇智波一族降下歷史的帷幕
他並非仇恨宇智波並非背叛了一族而是實在無可奈何
你當時什麼都不懂…
不論是一族的愚見還是其他東西因為你還只是個孩子
而且我並非只為了你…
我還想讓你代表宇智波接受遲早會降臨的審判
宇智波一族被村子的繁榮所排斥…以及雙方互不相讓的爭執
他將所有的一切都背負於自己的身上只求犧牲自我無論是誰都無法責備鼬的決斷
因此我才利用了你心中的憎恨
但是我失敗了
我造就了你心中的憎恨讓你叛離村子…
讓你成為了罪人……
那為什麼選我!?
為什麼讓我活下來!?
……

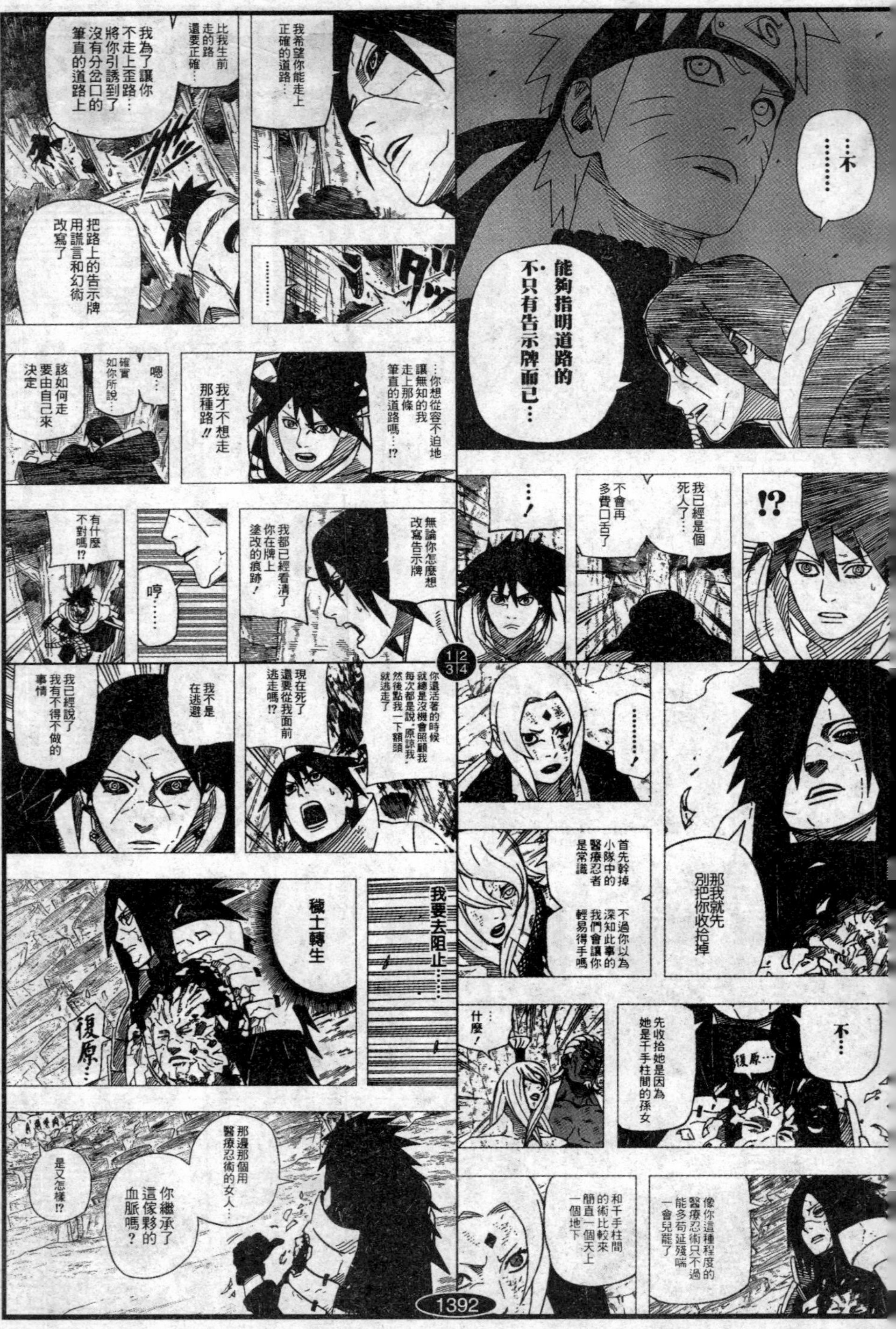
我希望你能走上正確的道路…
比我生前走的路還要正確…
我為了讓你不走上歪路…將你引誘到了沒有分岔口的筆直的道路上
把路上的告示牌用謊言和幻術改寫了
……
…你想從容不迫地讓無知的我走上那條筆直的道路嗎…!?
我才不想走那種路!!
嗯…
確實如你所說…
該如何走要由自己來決定
無論你怎麼想改寫告示牌
我都已經看清了你在牌上塗改的痕跡!
哼…
有什麼不對嗎!?
…不……
能夠指明道路的不只有告示牌而已…
!?
我已經是個死人了…
不會再多費口舌了
…!
你還活著的時候就總是沒機會照顧我 每次都是說"原諒我"然後就點我一下額頭就逃走了
現在死了還要從我面前逃走嗎!?
我不是在逃避
我已經說了我有不得不做的事情
我要去阻止……
穢土轉生
復原…
那邊那個用醫療忍術的女人…
你繼承了這傢伙的血脈嗎?
是又怎樣!?
……!
首先幹掉小隊中的醫療忍者是常識
不過你以為深知此事的我們會讓你輕易得手嗎
那我就先別把你收拾掉
不…
復原…
先收拾她是因為她是千手柱間的孫女
…什麼!
像你這種程度的醫療忍術只不過能多苟延殘喘一會兒罷了
和千手柱間的術比較來簡直一個天上一個地下

木遁也不會…醫療忍術也和柱間相差甚遠……
甚至還是個弱女子…
他不用結印就能讓傷口愈合…所有忍術跟他的都無法相提並論……
人們都稱他為最強的忍者
弱小的人是醜陋的
弱小的千手族人更是如此
你要是再驕傲地廢話不停我就宰了你!!!
我跟他的戰鬥可是殊死搏鬥…
而不是像這樣玩過家家…
※漂浮
雖然我是初代火影柱間的子孫…但是我的確不會木遁
同初代不用結印就能使用的醫療忍術比起來我的術也沒什麼了不起的
而且我是個女人…
…但我可不是一個弱女子……
……
和他比起來…作為柱間的子孫你有什麼可以拿出手?
我擁有的不是純粹的力量…
從初代那裡傳承下來的東西才是我真正的力量……
?
別小看我們的火之意志!!
各自的信念、各自的決意!!!

NARUTO
岸本齐史
577：憎恨之刃
看來你嘴裡説的那個柱間死後留下的意志能夠戰勝我？
——下定決心的綱手!!
實力可不是什麼意志之類的抽象概念
而是實實在在的物理現象
逝者遺留下來的意志可以化作生者崛起的力量！
不是！
不僅我個人所定下的醫療忍術是從這意志之中誕生…
…這也定下來我作為醫療忍者的定則！
薩
薩
第一項 醫療忍者在隊員生命枯竭之前絕不能放棄治療！
滋滋
第二項 醫療忍者決不能處於戰場最前線！
第三項 醫療忍者決不能先於小隊中所有隊員殞命！
這就是我所教授給弟子們的東西
不過定則還有一條
!?
!
!
!
…百豪之術…？
我連聽都沒聽過
第四項 僅有熟稔忍法創造再生以及百豪之術的醫療忍者
方可打破上述定則！
這是祇有我會的禁術…
也就代表了醫療忍者中祇有我可以在第一綫戰鬥
…利用塵遁把花粉給吹飛了…
不過是多了一個醫療忍者來應戰…
如果四個人不足以與你為敵的話那五個人一起上！
別以為我祇是個普通的醫療忍者！
速度還不及雷影呢…
但是力量卻超越了雷影嗎…
火遁・豪火滅失!!
水遁・水陣柱!!
演變的水遁・水龍彈……!!

咻
加重岩
雷虐水平千代舞!!

不過要是你把自己給折騰死了那其他的影大人們也就玩完了
貌似祇有你會回復術
那都是我死了才成立的後話
但就憑這些伎倆離你的水平還差的太遠
柱間…我是不知道你留下了什麼…
既然打算傳給這些跑龍套的小角色你就該像我一樣復活過來教教他們
嘶
薩
的確…你不算是個弱女子
…你死後所留下的就只有給了我的那個細胞生命力罷了
我弟弟死後留下的就是我雙眼的瞳力
都說了那是不一樣的!!
要說有什麼被繼承的東西的話…
那就是憎恨
!!?
你說綱手成為火影了…!?
那傢伙…竟然當上了火影!?
咦沒和你說過嗎?
不過自從你死後綱手大人也發生了不少事情啊…
不過最後還是因為仰慕你而…
……
綱手…
綱手大人是不會戰敗的!
正因如此她是三忍之中唯一活到現在的!!
既然真正的斑出現了縱使是五影也無法那麼輕鬆地應對
身為火影的綱手大人也前去應戰了!
什麼!?你說那個斑被穢土轉生之術給復活了!?

風影!!就是現在!!
封印完成!
砂漠層大葬!!
好樣的!!
你早就死了…
所以就不要再散播
!!
!!
那是柱間所使用的木遁分身
做得還真不賴啊……過去作為敵人也只有我能識破這招…
靠我這雙眼的瞳力…
那麼…這樣一來,其他的影也玩完了啊…
滋滋…
……

千萬不能小看斑啊！
要想阻止斑的話只有阻止藏於暗處的穢土轉生的施術者才行 此外別無他法!!
…斑…是已經達到這等境地的忍者嗎？
和他交戰的可是五影啊…
恐怕能戰勝斑的忍者——…
就只有已經過世的初代火影大人一個了
……
現在最好就是只留下看守我的人以及負責結界的人 除此以外所有的人都去搜索穢土轉生的施術者！
本部的對策是什麼!?
雖說大家都竭盡所能全力以赴但卻沒有相關的情報…
千萬別死啊…綱手…
通靈之術!!
!!
…你就乖乖聽話待在這裡
可惡!!
!!
連我的結界都能破解…
真虧你能找到這裡啊
在我被你操控的那段時間…我已經切切實實的感覺到你的查克拉是從哪裡傳過來的了
這也是…這個忍術的風險之一…不過你也沒必要記住這些
…我還真是長見識了啊…
能夠破解這個忍術的人還沒出生呢 所以我從來沒擔心過這些問題
比起這個我有件事情希望你能記住
?
這個穢土轉生之術就算是殺了我也不會停止的…
能夠終止這個忍術的就只有我一個人
也就是說…你殺不了我…
我要是死了的話這個忍術就再也沒可能被終止了
呵呵呵…
啊哈哈哈哈!!
看來我不僅僅是被幸運女神給眷顧了啊！
……
…唉果然是個不聽話的傢伙
真是的…
能夠左右戰爭的決戰開始了!!

忍界大戰亦漸入佳境!!
三場戰鬥將會拯救世界!!
面具男!!
VS
鳴人、奇拉比、卡卡西、凱!!
斑!!
VS
五影!!
兜!!
VS
佐助、鼬!!
578：絶望的弱點!!
等候在黑暗深處的是—!?
ゴオオオオオオオオ
終於追上了!
你跑到地方到底是想…
!
吐信子…
是大蛇丸……嗎!?
哼哼…再猜猜
這聲音是…
…!
兜…!
你身為聯盟方的戰爭謝禮居然自己跑到我這裡來了…
我太走運啦…
……
!?
你是什麼意思?為什麼你們兩個會在這裡…
目前的情況很複雜哦…讓我給你簡單的說明一下吧…
你就慢慢解釋吧…我會在這段時間內阻止你的穢土轉生
這個術沒有弱點…也沒有風險…
鼬…我更希望解釋給你聽
要是你有所行動佐助也不會老老實實地待在那裡聽我說啦
越是急著要阻止越是沒法阻止哦…
反之…
接下來…要幹掉哪個好呢
!!
!!
!!
!!
唔!!
咯咯…
…!?

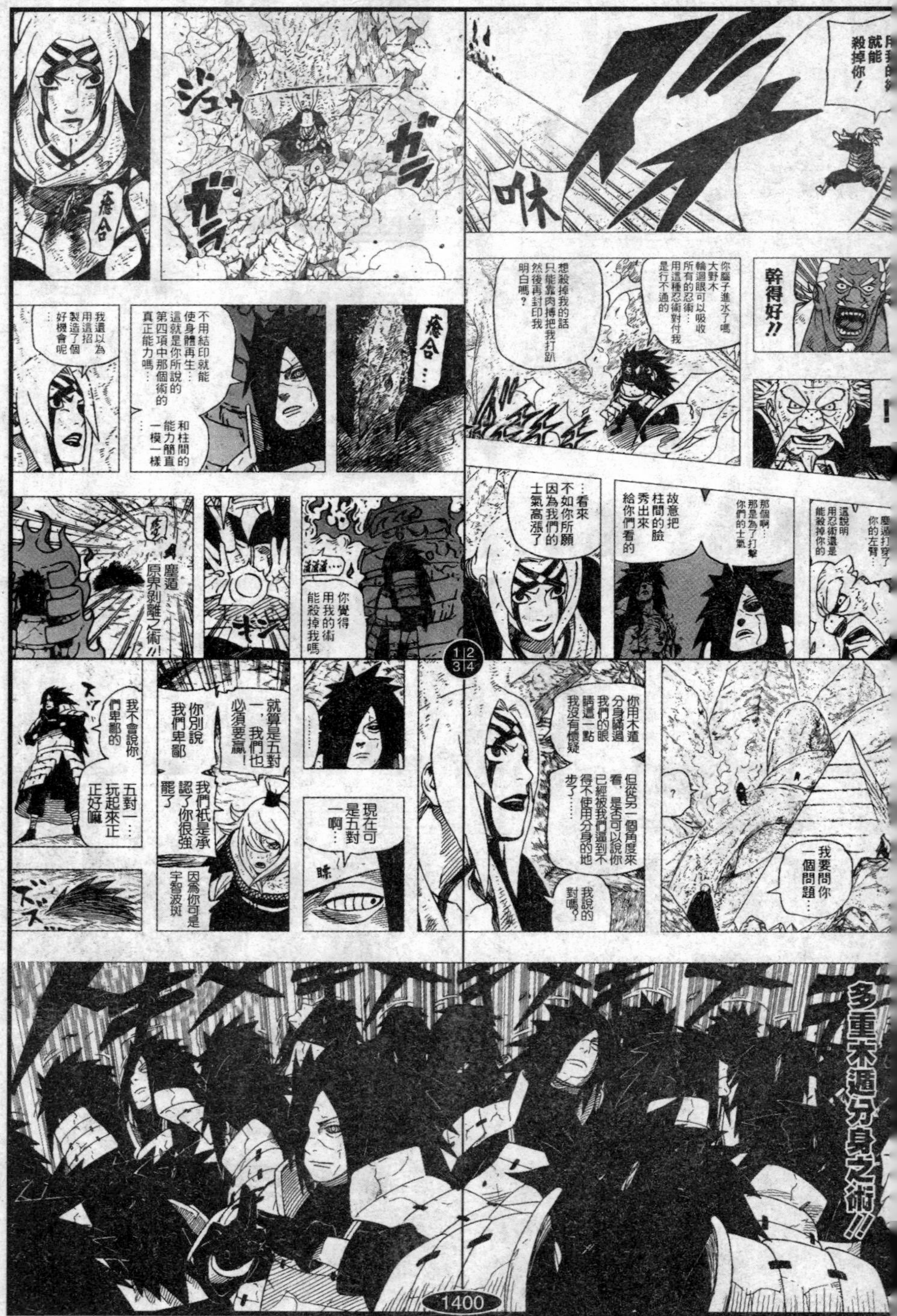

就能殺掉你！
咻
幹得好!!
你腦子進水了嗎大野木 輪迴眼可以吸收所有的忍術… 用這種忍術對付我是行不通的
想殺掉我的話只能靠肉搏把我打趴然後再封印我 明白嗎？
!
塵遁打穿了你的左臂…
這說明用忍術還是能殺掉你的
那個啊…那是為了打擊你們的士氣
故意把柱間的臉秀出來給你們看的
…看來不如你所願因為我們的士氣高漲了
癒合
不用結印就能使身體再生… 這就是你所說的第四項中那個術的真正能力嗎…
…和柱間的能力簡直一模一樣
我還以為用這招製造了個好機會呢…
你覺得用我的術能殺掉我嗎
塵遁 原界剝離之術!!
我要問你一個問題…
?
你用木遁分身瞞過我們的眼睛這一點我沒有懷疑
但從另一個角度來看，是否可以說你已經被我們逼到不得不使用分身的地步了……
我說的對嗎？
現在可是五對一啊…
……
就算是五對一，我們也必須要贏！
你別說我們卑鄙
我們祇是承認了你很強罷了
因爲你可是宇智波斑
我不會說你們卑鄙的
五對一…玩起來正正好嘛
多重木遁分身之術!!

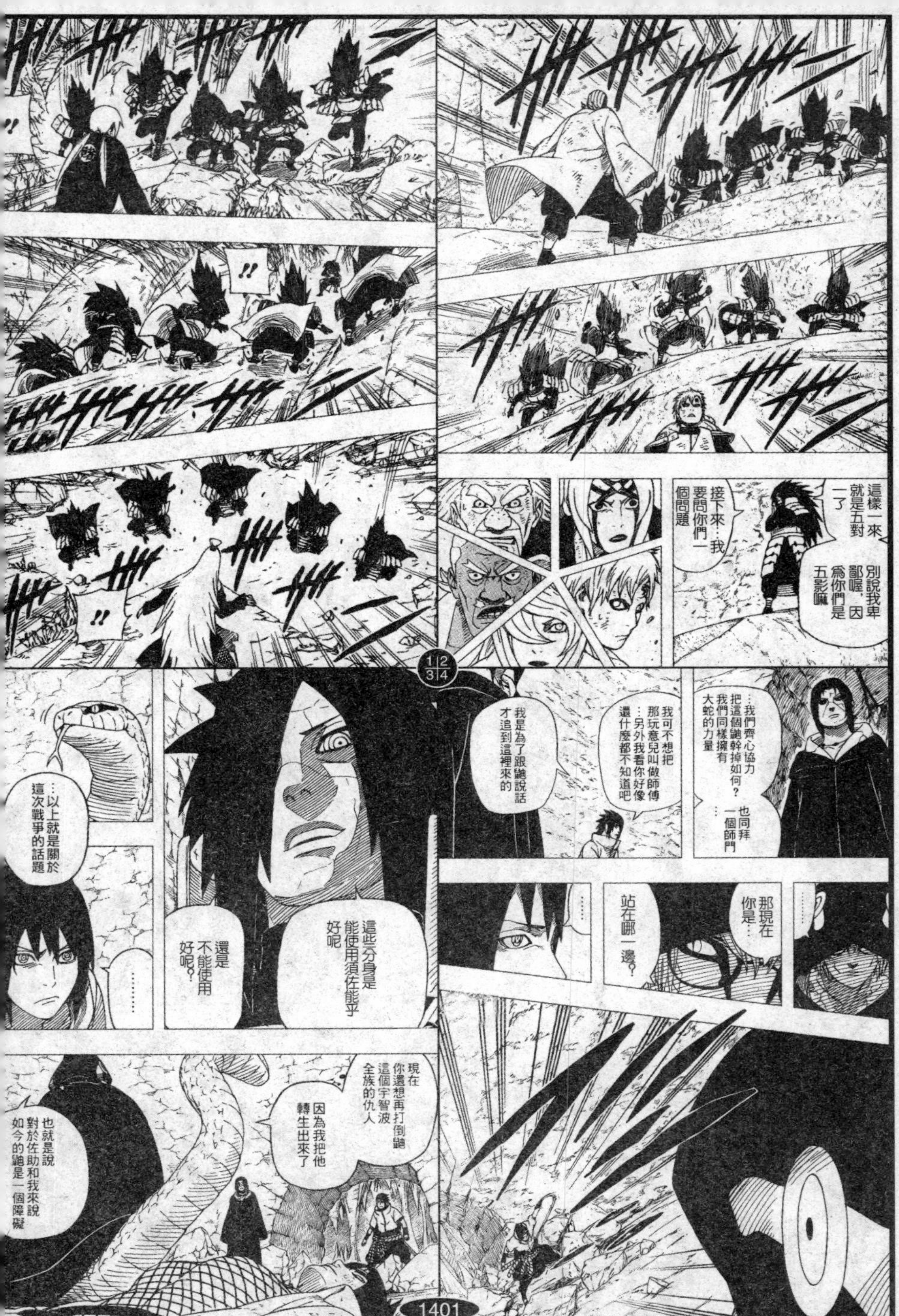
!!
!!
!!
這樣一來就是五對一了
別說我卑鄙喔，因為你們是五影嘛
接下來…我要問你們一個問題
這些分身是能使用須佐能乎好呢
還是不能使用好呢？
……
…以上就是關於這次戰爭的話題
現在你還想再打倒鼬這個宇智波全族的仇人
因為我把他轉生出來了
也就是說對於佐助和我來說如今的鼬是一個障礙
…我們齊心協力把這個鼬幹掉如何？
我們同樣擁有大蛇的力量…也同拜一個師門
我可不想把那玩意兒叫做師傅…另外我看你好像還什麼都不知道吧
我是為了跟鼬說話才追到這裡來的
……
那現在你是…
站在哪一邊？
……

你在幹嘛!?
這傢夥跟大蛇丸一樣…也就等於是我的敵人!
而且現在他也是你的敵人才對啊!
……
…好吧 我等下會跟你好好說話的…
前提是我們要先打倒他…
但是不能殺死他
!?
如果把穢土轉生的施術者給殺了 那這個術就永遠無法解開了
所以需要我先對他施展月讀 打探出阻止此術的方法
…然後讓他陷於月讀之中 並在我的操縱下解開此術!
……
把打倒我的方法說出來…
真正行動的時候也能這麼順利嗎 我剛才說過了 這個術沒有弱點 也沒有風險
任何術都有弱點
而這個術的弱點與風險就是…
……?
變化—……
我這個存在!
……
…嘁… 你總是對我撒謊 說什麼下次吧 以後再說 結果你卻死了…
所以這一次—
……
你一定要遵守諾言!
人的性格至死不變 但我已經死過一次了
所以正有此意
兄弟合夥排擠我麼
夠有趣
…命中註定的聯手作戰!!!!

ロック・リーの青春フルパワー忍伝
冷靜與熱血、靜與動…完全相反！不過、這2人始終是同組隊員!!

木葉…
八卦…
啪啪!!
小李與寧次…聯合對敵!!
ヒュオオ…
…嗯?
ズウウン
寧次…剛才要由我先出手!
不對 應該由我先來!
…呃…
接近
!?
哼…木葉村的忍者們…別來打擾…
…!喂 這些人…
這不是最近傳聞里的…
木葉蒼藍野獸洛克·李和…
名門日向一族的天才日向寧次嘛!?
定
什…什麼!?
身體動不了了!?
!
寧次!一起上!用我們的合作技!!
!
肉彈戰車!!
唔啊啊!!
收回
你真是的 把他們打得這麼慘
嘿嘿…
好厲害的團隊協作 不愧是親密伙伴
……
鹿丸!丁次!
影子模仿術成功!
我們來幫忙了喲!
那…那才是青春啊——…!!
……
哈
這是什麼忍術!!
趁現在丁次!利用我牽制他們的這段時間!
交給我吧鹿丸!!

快來和我一起完成火影忍者疾風傳究極衝擊最強JUMP的合作任務吧
我們要贏取最新PSP用壁紙！
說得這麼詳細這是哪門子的邀請方式!?
好不好嘛小寧寧！
小寧寧!?
…你…你們在幹什麼呀…
！
寧次~~~!!
…小李…剛剛完成任務比賽的話改天再說吧…
啊！是和鹿丸同班的…井野！
…什麼呀怎麼不是小櫻呢…
讓你失望了我不是小櫻…
冷靜！井野！
握握
一起玩這個吧！
為什麼!?
…怎麼說呢我和丁次從小就是好朋友了喲…
我帶了零食來一起吃吧
哦…多謝
小李和寧次以前是…
哼哼
你這傢夥有什麼好笑的!!!
…原來如此…你們看到了鹿丸他們的合作…
於是你們也想爲了提升團隊協作而改善伙伴關係…
是的！
…那我等下要和鹿丸他們一起去吃烤肉你們來吧？
雖然我不認為你們可以從他們身上學到什麼
自此以後…
我們比賽吧寧次——!!
沒用的小李…
就憑你的本事無法打贏我
來寧次！張嘴！啊！
塞塞
燙！燙！住手！小李！
…他們倆真的能像鹿丸和丁次那樣子嗎…
燒肉Q
所以說請教導我們增進友誼的訓練方法!!
……
好麻煩啊…
怎麼覺得被鹿丸很隨便地嫌棄了！
啊！肉只剩下1塊了呢！
這麼油的東西就不要了…
哼哼…

最後的一口！
這可是最後一塊肉 最應品嘗最有價值的一塊肉！
來寧次！像丁次一樣多吃點 不吃胖點可不行哦!!
塞
嚼嚼
……
給我滾出去——!!
還有我這叫做豐滿！
丁次爆發啦———!!!
…那麼 準備好的話 團隊合作演習就開始吧…
好麻煩啊
鬥志燃燒起來啦———!!
嗯哼！
…總覺得得罪人了…
規則是2對2的雙人合作比賽！
我和丁次一組 帶著鈴鐺成功逃脫的話就算勝利
小李和寧次一組 在規定時間內搶到鈴鐺的話就算勝利…
不管你們個人能力有多強
沒有像我和丁次一樣的團隊協作是拿不到鈴鐺的！
演習開始！
那…那個姿勢是…!!
鹿丸在斟酌戰略時所用的姿勢！
錄完可是IQ二百的超級天才！
好！我考慮了200條左右的作戰方案
思維太快了吧!!
開始設置陷阱！
嗯？小李也做出了那個姿勢？
蹲下
難道小李也在思考作戰方案…？
好！用蠻力扭倒對手！
果然不行啊———!! IQ太低了!!
丁次 幫我爭取佈置陷阱的時間 拜託了!!
交給我吧！鹿丸！
哼哼… 我已經領教過鹿丸君和丁次君的合作了！
這點小事我也能做到！
什麼…
什麼!?小李要使用影子模仿術!?
抬

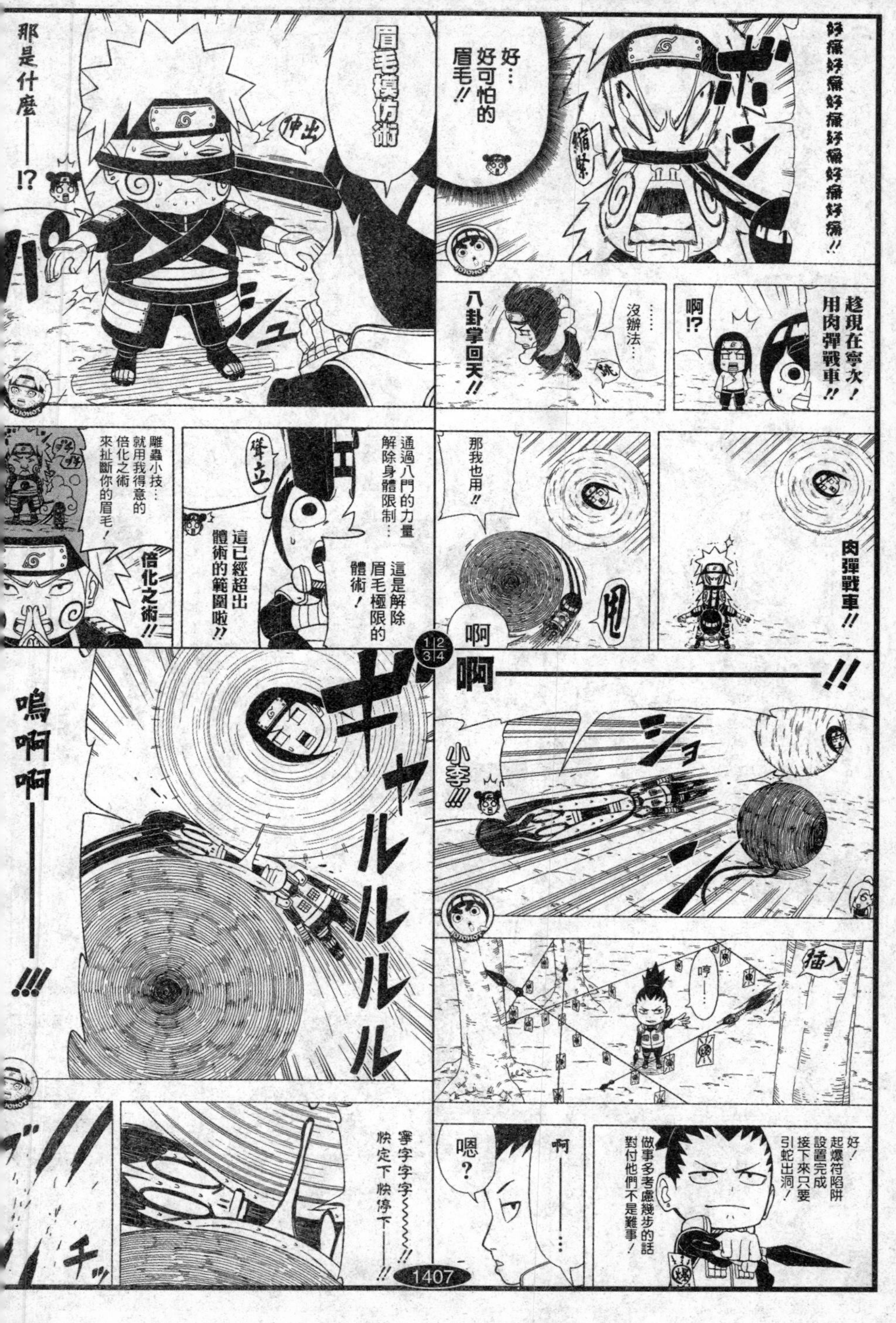

好痛好痛好痛好痛好痛好痛!!
ボン
縮緊
好…好可怕的眉毛!!
眉毛模仿術
伸出
那是什麼——!?
趁現在寧次!用肉彈戰車!!
啊!?
……沒辦法……
八卦掌回天!!
肉彈戰車!!
那我也用!!
啊
通過八門的力量解除身體限制…
這是解除眉毛極限的體術!
這已經超出體術的範圍啦!!
聳立
雕蟲小技…就用我得意的倍化之術來扯斷你的眉毛!
倍化之術!!
啊——————!!
小李!!!
ショ
ギャルルルル
嗚啊啊———!!!
插入
哼——
好!起爆符陷阱設置完成 接下來只要引蛇出洞!
做事多考慮幾步的話對付他們不是難事!
啊——……
嗯?
寧字字字~~~!!快定下快停下——!!

我不行了……
小李！
……這果然是你們模仿不來的吧？
鹿丸？
……
……兩人關係好不是只做表面功夫
我和丁次從前就是好朋友…
模仿我們可不是隨隨便便就能做到的！
……
……
啊啊——!!
預想之外的情況!!
這麼輕易就撞上了陷阱！
啊——……
唔哇啊啊——!!
……
就根據表現來定勝負!!
行啊!!
……
啊…等…
木葉升風!!
小李…速度是比我快…！
我都說了吧小李模仿他們也沒用…
我想過了我們要使用符合我們的合作方式！
等等
一開始就應以我爲中心指定作戰方案…因爲…
不應該以我為中心！因為…
我我才更強!!
…哼
夠了不要吵下去了！
達…達成共識了…
是啊！
既然如此……

怎…怎麼會這樣…？
比剛才的步調更加吻合…
……
雖然不能從小李和寧次身上感覺到他們的關係有多好…
但他們有著和鹿丸他們截然不同的伙伴之間的羈絆喔…
他們互相賞識對方的實力在關鍵時刻會默契無間…
這就是所謂的競爭對手——…
你們還是模仿不來
！你們要去哪裡!?
我說過只要在規定時間里逃脫就算我們贏吧？這也是策略之一
想逃！八卦空…
不能輸給寧次…
李連傑——!!!
好像隨隨便便就使出了合體技!!
噗
丁一鈴
在空中應該無法變向！
影縫之術!!
伸出
八卦連空掌!!
落地
幹得不錯寧次！
果然你比我的視野廣闊…!!
哼
不是吧~~!!?
啊

…這次算平手吧…
ワイ
……
寧次！來決鬥吧！
今天就免了吧！
果然他們還是跟從前一樣
你──……你們兩個
！
剛才的比賽表現得很不錯！
烤肉的事就原諒你們吧！

這是…誰!?
噁心…
怎麼樣？我用了部份倍化術把眼睛變大
就能有這張可愛的臉了！厲害吧！
丁次君是能力各種優秀的肥豬呢！
我…我這是豐滿——!!
別用那張臉爆發啊!!
嗒嘍嘍——!!
ドゴッ
現在可不是說這話的時候!!
哇
…真是麻煩…
肥豬是禁語!!
寧次！我們看誰能忍受住他的攻擊來決一勝負!!
哇
ロック・リーの青春フルパワー忍伝
4月號待續!!

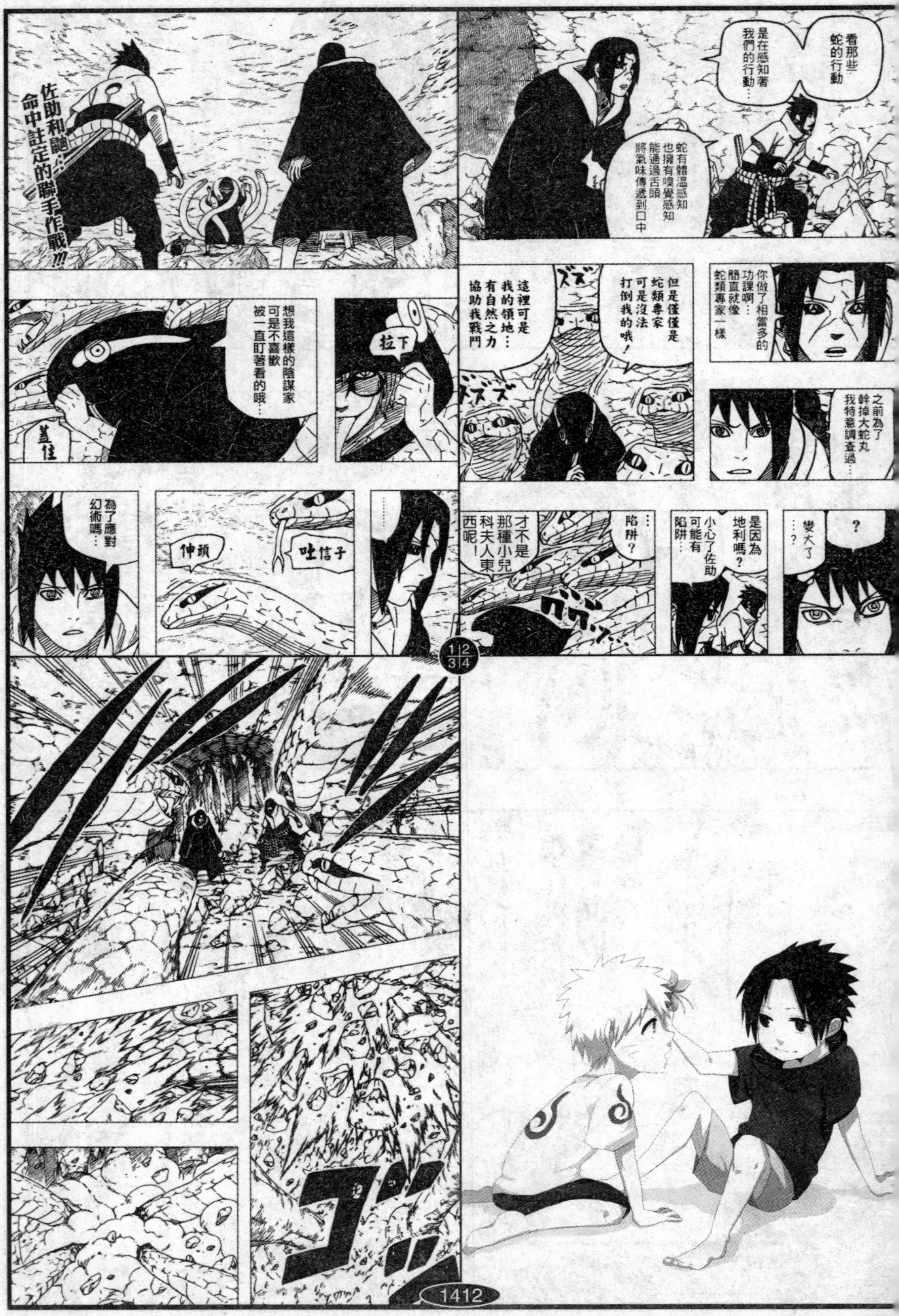
看那些蛇的行動
是在感知著我們的行動……
蛇有體溫感知也擁有嗅覺感知能通過舌頭將氣味傳遞到口中
佐助和鼬…命中註定的聯手作戰!!!
你做了相當多的功課啊…簡直就像蛇類專家一樣
之前為了幹掉大蛇丸我特意調查過…
但是僅僅是蛇類專家可是沒法打倒我的哦!
ズズ
這裡可是我的領地…有自然之力協助我戰鬥
ズズズ
想我這樣的陰謀家可是不喜歡被一直盯著看的哦…
拉下
蓋住
?
變大了…?
是因為地利嗎?
小心了佐助可能有陷阱
…陷阱?
才不是那種小兒科夫人東西呢!
……
吐信子
伸頭
為了應對幻術嗎…

這是須佐能乎吧！
別太狠了佐助 記得我說過不能殺掉他吧！
ボタタッ
看上去他已經將大蛇丸的力量入手了
不會那麼快就死掉的！
佐助！
掀開帽子是吧！
鑽入
鑽入
鑽入
!!
!!
拔出
ズパッ
シュルルルル

真是老謀深算啊
先是隱藏容貌然後隱藏全身
……
通過蛻皮讓自己脫身?
看來你不過是移植了大蛇丸殘渣的劣質產品罷了
佐助啊…你…可別小看我哦~
罷了…確實我在通緝名單上的兇殘指數在你之下
和大蛇丸大人比起來簡直是小巫見大巫
……
如果你打算一直這樣藏起來的話那確實如此
佐助要小心了
到處都分佈著查克拉…我們無法看穿本體是哪個
肉體變化能力哦
我利用液體讓身體脫離…所以你才會以為我是在蛻皮
我通過調查應用了鬼燈一族的肉體變化能力開發出了這項技術
ドロ～
ドロ～
你知道我在說誰吧?就是水月哦
他能從人變成水…也能由水變成人
但我還擁有壓倒性的恢復力
不過說起來這也是在調查過漩渦一族的女子身體後才到手的恢復技術
就是你很熟悉的香燐哦
…香燐是漩渦一族的?
繼承漩渦一族血統的人其特徵就是紅色的頭髮…
他們的生命力可以和小強相提並論呢
呵呵…這麼一說倒讓我有些在意你的另一個伙伴呢
……
不…他似乎已經不是你的伙伴了…?
不管怎麼說你會選那三個人說明你的眼光非常不錯…
……?
在忍者的世界中沒有能力的人他們的存在甚至都會被否定…
但是沒有才能的話就把自己欠缺的能力奪來附在自己的身上就好了…
…看來你已經擁有了重吾的能力…
…是通過大蛇丸的咒印入手的嗎?
不…用那種東西只能逞能一時
這股力量是我自己在龍地洞裡修煉來的…
龍地洞!?
難道你…!
對我找打了…!
同妙木山…濕骨林齊名世人口中傳說中的那個地方!
並非只有大蛇丸大人去過那裡我也去了—
!?

…自然能量
看來這家伙…
你知道麼…原本重吾的一族就擁有將自然能量攝入體內的特殊體質
這就是他暴走的秘密…身體突然變強是他粗暴起來的原因
大蛇丸大人不僅僅看上了重吾那暴走的身體
還特地調查了他們一族力量的由來
最後他終于找到了那股力量的源頭…
也就是龍地洞
大蛇丸大人立即嘗試著想得到那股力量…
但是…他的身體卻無法經受那股力量…
!?
…所以
伸
!?
龍地洞
我找到了白蛇仙人並通過修行學到手了！
我最終還是超越了大蛇丸大人！
別着急佐助！
……
…!?
切切
摇手指
居然…
躲過了我的箭…!?
我現在的感知能力可是跟以往大不相同了…
因為現在自然能量可是…

即便是他也沒能修煉成像我這樣完美的仙人！
……原來如此果然……
沒能體驗到仙人模式的力量……

你只不過是跟大蛇丸一樣沒用的蛇罷了！
嘶
我需要蛇類專家理解我…
我已經不再是一條蛇了…
完美的仙人之力讓我蛻去蛇皮…
！
昇華為龍了!!
仙法・白激之術!!!
兜、最惡的仙人模式發動!!!

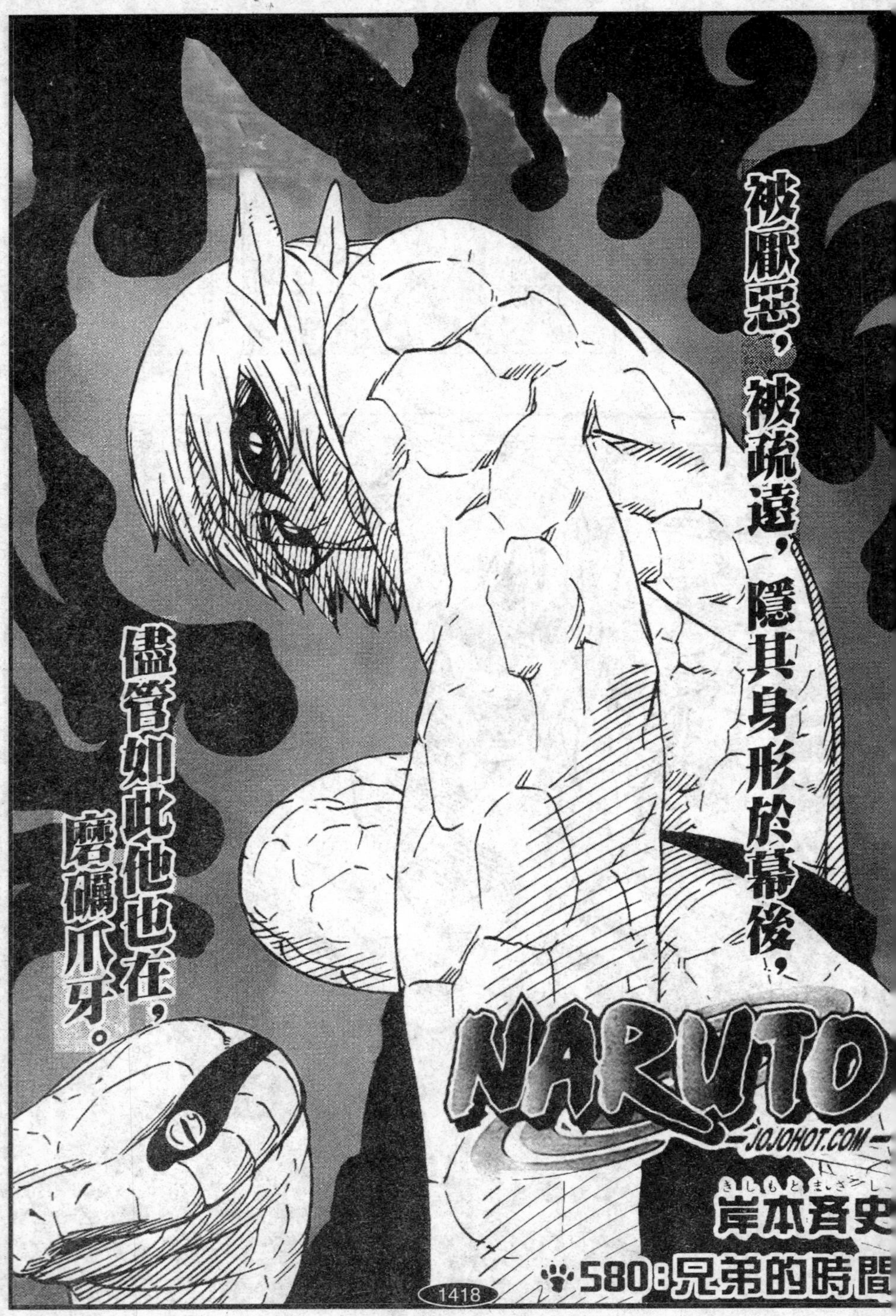
被厭惡，被疏遠，隱其身形於幕後，
儘管如此他也在，磨礪爪牙。
NARUTO
-JOJOHOT.COM-
きしもとまさし
岸本斉史
580：兄弟的時間

兜使用了仙人模式!!!
閉上
氣
吐出
仙法·白激之術!!!
!!
!?
跑
!?
不僅是耳朵…連骨頭都好像被劇烈摩擦著…
通過光和聲音來阻斷視覺和聽覺…
這個術是通過引發空氣的震動使感覺癱瘓…封住你們的行動…
蛇的眼角膜可以遮擋視野無視強光的影響
液化後的身體可以有效地抵抗聲音和震動
在這種情況下能夠移動的就只有處於仙人模式的我了…
唔!
不行了…須佐能乎要維持不下去了…
還是先瞄準鼬下手吧…先把他腦袋裡的咒符置換掉重新把他利用起來好了…
不不…比起他來…
……

有人告訴過你對你的查克拉進行感知的人是我嗎
能夠感知的人是當時和我在一起的長門…
我可沒有那種本事
!?
ブワッ
但是…你現在心裡打著什麼算盤我可是一清二楚
…所以我只要先保護好你的獵物即可
佐助的話…如果想要得到小心謹慎的你貪圖利益
就必定會先對他下手
在自己的忍術未被破解時捕捉佐助的概率最高
因為成功之後你還可以把他當作擋箭牌來威脅我
!!
!!
詭…看來你好像很擅長找到我的位置
你能感知到我的查克拉是吧？
但是呢…？
在你操縱我的時候很明顯能感覺到你的查克拉是從何而來的
…你說過"在你操縱我的時候"…對吧
…那就是說現在的你應該是感覺不到我的查克拉對吧
你又想編個漂亮的謊言騙我上當嗎？
蠕動蠕動
就算你們是兩個人，這種臨陣磨槍的配合也無法對我的感知能力構成威脅
……
而且由于哥哥愛說謊的原因你們兩兄弟一直關系不好吧
佐助…
……
還記得以前跟着我一起去做野豬任務的事情嗎？
……!?
嗯…那個就是把田地搞得亂七八糟的那頭…
我記起來了
記得避開要害
嗯
?
你與其他的宇智波一族族人不同之處是你擁有真正的瞳力…
你能看穿人心讀懂人心
…並且將其用於戰鬥
所以你很會騙人…你這輩子都在騙人
你從頭到尾就是個騙人的忍者
…!!
バチチ
切！
居然跑到天花板上…！

我知道
滋滋…
啵啵
滋…
!
就是現在!!
!!?
插
!!!
晃
呃…!
想搶我的刀砍掉尾部的蛇逃走嗎!

!?
所以說…別著急嘛…
ドロー
!?
!
嗚…!
咻
……
ポト
…是這樣…不小心忘了呢…
平時的話這裡是沒有角的…無意中就
離要害真是有夠遠的呢…
對不起哥哥…
修行還遠遠不夠哦
……
現在的你應該可以活捉那頭大野豬了吧
活捉大野豬之前先把那條蛇搞定了再說
嗯…
羈絆並未消失…!!!

☆「最強ジャンプ」から青春フルパワー参戦!! 熱血忍のハッスル読切16P!!
ロック・リーの青春フルパワー忍伝
WJ 熱血! 出張版!!
まんが 平 健史
（NARUTO-ナルト-（原作:岸本斉史）より）
コミックス第①巻もフルパワー発売中!!
定価400円（税込）
ロック・リーの青春フルパワー忍伝
ロック・リー レッツ・ゴー!!
WWW.JOJOHOT.COM
洛克・李之青春活力全開忍傳
LEO&LAV
アニメの詳しい情報は
⬅裏のページを
チェック!!
TVアニメ いよいよ 4月3日火 放送スタート!!
テレビ東京系 夕方6時から

這裡是木葉忍者村……
在刻著岩石像的忍者村裡 熱血男兒今天也在前行!!
好今天是變化術的考試!
不行不行!要多多努力練習!
這是你們在忍者學校的第三年了吧!?
可惡~
好噁心
伊魯卡老師──!!
有情報顯示忍者學校附近有逃忍潛伏!
總之負責警備的忍者應該會來…
你說什麼…
同學們聽好了!絕對不允許私自離開學校!
什麼什麼?
好~可怕
哼哼…大家請放心…
我的變化術會讓那些家伙嚇得夾著尾巴逃走!
魅惑·性感教育實習生之術!!
うっふ~~ん♡
那是什麼瘋狂的忍術!!
這個忍術的要點就是教育實習生
……呵呵…
小李…
…這些人是來警備的忍者嗎?
…說來那只是換裝不是什麼忍術吧…
無所謂啦!笨蛋!!
…這樣好嗎同學們…
我就是完全不會使用任何忍術的忍者!!
誒…什麼──!?
你…你怎麼從忍者學校畢業的……
哼哼……
如果你們也穿著這件緊身衣努力練習的話也會變強喲!
是給你們好孩子的禮物…
閉嘴!這麼老土的緊身衣誰要啊!
ビリ ビリ ビリ
誒誒──!?
什麼努力不努力!老土!
反正我們學習落後一直都會是拖後腿的!
啊啊…~~~
好…好厲害!!樣子比平時更土!!
…不過真是些厲害的小孩呢…
……

哼哼…就從學校開始破壞吧…！
什麼這些忍者的打扮不適合用來踢啊!!
ワー
…不過為了孩子們我可不能輸 強力出擊—!!
等等等等!! 判斷太輕率了 喂等等—!!
誒…等等…!!
哇啊啊啊!!
結果小李飛了出去!!
啊—!!
咻
咻
誒誒—!!!
既…既然如此我要使用那個禁術…
這麼方便地把緊身服鉤破啦!!
和過去的我有些許相似…
我 沒有什麼才能被說成是，熱血差生之類的笨蛋…
糊裡糊塗地度過了忍者學校時代…
但是凱老師卻對這樣的我教導到…
只要努力就會成爲厲害的忍者
因此對於那些孩子們
無論如何都想告訴他們努力的美好…
…小李…
啊啊—!!
操場上有人! 難道是逃忍?
我要向那些孩子們展示只要努力就會變強…
因此無論是誰我都要用體術來踢飛給他們看!!
……
…那…那個…再怎麼努力也就是普通的一踢…
踢人總覺得很普通…
就不能使用點華麗的技能嗎
……
沒辦法…我要用出我的新技能 木葉大紅蓮大暴風啦…!!
キリッ
哦 有點厲害哦
誒 那是什麼技能 絕對是剛剛想出來的…!?!!!
好…在鞋上貼上起爆符…踢出的瞬間連鞋子踢飛…哼哼…完美的華麗新術!!
我上了!!
起爆…
ボーン

現在正是守護要者之時!
之前你好像連對自己重要的東西都守護不了!!
我上了!!
纏繞…
表蓮華!!
那個不是小櫻嗎?
小…小櫻同學——!!!
呀呀——!!
不可能!!!
ギュワァァァ
突破
等等…別過來!!
混蛋——!!
哇啊!!
災…災難…
好痛好痛!!
怎麼大家都穿成這樣!?現在流行這種打扮!?
呼
呼
…那個也沒辦法這個術在本編里成功率也是0%!
那為什麼你還要用!?
這些傢伙比想像中厲害…
寧次!
……
…那…那個…
果然再努力…也沒用不是嗎…
再努力也就那樣了喲…
確實啊…光靠努力沒用啊…
……
!
混蛋!
怎麼可能一開始就像故事里的主人公一樣順順利利的呢!
即使在忍者學校時代過得不如意…
通過努力成長到令人難以置信的忍者我知道有這樣的人…!
聽好了各位…
只要努綴綴…
唔哇——!!
誒誒~~~!!
剛才明明是伊魯卡老師的名人名言時間——!!
對…對不起!!伊魯卡老師——!!
…不過反正像我們這樣的差生天生就是跑龍套的…
……
誠如斯言
!

不過跑龍套的差生
努力努力竭盡所能地努力…
…熱血差生…
說不定也能成為故事主人公哦！
贊
哈——!!
這是最後一擊！
ボッ
！

木葉熱風——!!!
NARUTO SD
ロック・リーの青春フルパワー忍伝
NARUTO SD
洛克李之青春活力全開忍傳
這難道是節目宣傳!!!

ズーン
動畫製作同樣是「火影忍者—NARUTO—疾風傳」的皮耶羅老師！
而且同樣起用疾風傳的豪華聲優陣容!!
別再搞節目宣傳啦!!
忍
看著眞帥氣!!
我們如果也像那位哥哥一樣努力說不定也能變強！
バーン
你不可能的我努力還有希望！
你說什麼 混蛋！是我才對！
什麼！
喂！我說了住手啦！
ドッ
ボコッ
ガッ
ズーン
老師早上好
怎麼…總覺得最近奇裝異服很流行…!!
伊魯卡老師大吃一斤李!!
洛克李之青春活力全開忍傳
…完—
「最強ジャンプ」もよろしくねっ!!

第11話 S級任務!!
路克·李之
WWW.HOJO-HOT.COM
青春活力全開忍傳
ロック・リーの
青春フルパワー忍伝
JC第❶巻も発売中!!
熊熊燃燒…
TVアニメ
いよいよ
放送スタート!!
忍之魂!!
まんが
平健史
週刊少年ジャンプ連載「NARUTO—ナルト—」(原作・岸本斉史)より
4月3日(火)
夕方6時スタート!!
テレビ東京系列にて
詳しくは87ページを熱血チェックです!!
1430
98

!!!
來自村中第一忍者·火影的召喚～!!
S級任務…!!
任務根據其難度被分爲S·A·B·C·D級，其中S級任務最難…究竟是什麼任務呢!?
任務是…
ゴゴゴ
今天 我召集凱班不是為了別的…
ゴオオオ…
請你們準備賞花大會！
啊!?
我想拜託你們…
做S級任務！
平 健史先生に お手紙やイラストを送ってね!!
あて先 〒101-8050 東京都千代田区一ツ橋2-5-10 集英社 最強ジャンプ 平 健史先生あて
這…這種任務何必非叫我們不可呢…
小李啊
雖說乍一看這是沒什麼了不起的任務… 不過這任務一定跟村子密切相關…
是吧綱手大人！
嗯…被你察覺到了啊阿凱…
這個任務的真正目的…就是…
ゴゴゴゴ
就是老娘想邊賞花邊喝酒啊——!!
綱…綱手大人——!!
就算是對綱手大人敬仰萬分的天天也對此感到

明白了 祇要是為了綱手大人 我們凱班… 做什麼都可以！
等等…天天——!!
…但是為什麼 這種任務 要叫我們做…
不准發牢騷！因為這可是綱手大人的命令！
我們要保證 今天的 賞花大會 順利進行！
再說了 綱手大人可是 幫過小李你 大忙的！
…確… 確實是這樣…
我明白了！那我先倒立著 盡全力 分發這些便當!!
也不用這樣啦!!
很好！大家都到齊了！
花粉過敏…
ズッ
ドン
咦咦！是粗眉毛的 角色便當呀！
很好吃的 樣子哦——!!
我開動
啊——!!
好吃…
丁次 你不是 來賞花 是來吃飯 的吧…
總覺得 我的便當 巨大無比呢
ズン
這麼多 吃不完吧…
致小櫻 特製版
啊呀 小櫻 這樣吧 和我的 便當交換吧！
呃… 好吧…

喂 你幹了什麼呀！小李！！
對…對不起…
…還我便當…
綱手大人！
我們已經設想到會發生這種事情請您享用日向家準備的便當吧！
好豪華啊…
日向家是名門望族…區區小物何足掛齒！
好！小李我們來鍛煉抓花瓣吧！
是！老師！！
啊~~~是酒！酒！
聽起來有點反胃
唔啊！！
綱…綱手大人不是的！這個…！！那個…
把我的酒打翻到一瓶不剩……
綱手大人！
我們已經設想到會發生這種事情請您享用日向家準備的木葉第一名酒吧！
準備得太周全了吧！！
火影酒
對…對對對對不起綱手大人！
下…下次下次我會注意的！
日向家是名門望族…區區小物何足掛齒！
日向家究竟是什麼來頭啊！！
這…！這瓶酒…
好 小李我們到這邊努力練習吧
滑
凱老師我們到這邊努力練習吧！！
滑
我去一趟廁所
滑
這兩個人都幹了些什麼——！！

……
綱手大人……此酒珍貴
請妥善保存！
之前小李把酒和水搞錯喝了一丁點的小酒
結果狂性大發 把食堂弄得一場糊塗
對……小李會發酒瘋！
未成年禁止飲酒！
在小李忍傳動畫化前我可不想惹怒PTA！
PTA是什麼
喂 對了小李 幫我倒杯酒 這樣沒問題吧！
霍咿……
嗯？
哇噗——!!
小李天生會用醉拳喲……
綱手大人啊——!!
喪失了自我意識完全不知道自己在做什麼！
啊！
小櫻 危險！
呀——!!
小姐
等等…不要這樣
變成流氓醉鬼了!!
你要自重啊 小李!! 混蛋…
它在木葉…不 即便是在忍界也被乘坐名酒中的名酒……
傳說中的三酒之一……『火影酒』!!
火影酒
我一直想有緣目睹此酒 沒想到竟能在此邂逅此酒！
ドン
如果你們敢把這瓶酒打破的話 你們就等死吧……！
ズン
是……是……
ワイ ワイ
賞花時節勾搭指南
不賞櫻花 只賞小櫻
你這混蛋說什麼——!!
啊……
難道只聞到酒的味道就醉了……!?
怎麼可能…
喂…喂 小李 冷靜些…
伸
綱手大人…小李…

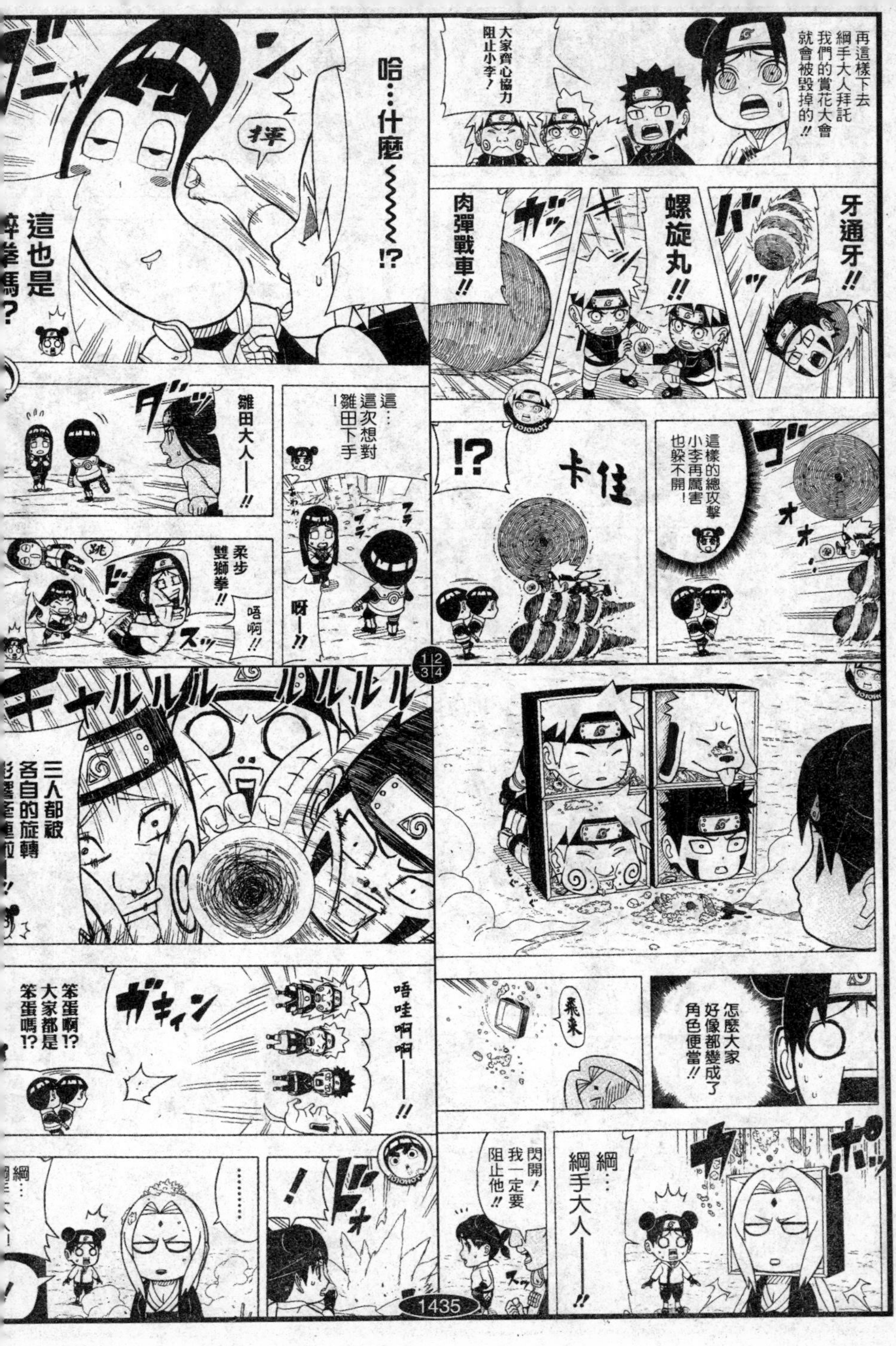

再這樣下去綱手大人拜託我們的賞花大會就會被毀掉的!!
大家齊心協力阻止小李!
牙通牙!!
バッ
螺旋丸!!
ギ
肉彈戰車!!
ガッ
ダニャーン
哈…什麼~~~!?
摔
這也是
這樣的總攻擊小李再厲害也躲不開!
ゴ
オォ
!?
卡住
這…這次想對雛田下手!
雛田大人——!!
ダッ
啊—!!
フラ
柔步雙獅拳!!
唔啊!!
跳
ド
スッ
ギャルルルーールルルル
三人都被各自的旋轉
怎麼大家好像都變成了角色便當!!
飛來
唔哇啊啊——!!
ガキィン
笨蛋啊!?大家都是笨蛋嗎!?
ポッ
ガ
綱…綱手大人——!!
閃開!我一定要阻止他!!
ド
オ
!
……
綱…

阿凱老師!!
八門遁甲第六景門…開!!
朝孔雀!!
阿凱老師——!!
什麼!?
大…大蛇丸!?
扭
ゴォッ
ゴッ
燒
燒
賞花大會已然毀了…!
哎哎!我來解決!!
通靈之術
蛞蝓!!
綱手大人!
ボッ
ババババ
好!抓住了!!
啊!?沒有其他方法了嗎!?看上去相當噁心啊!!
ぬちょ
…不過這樣一來小李就無法逃脫了!
總覺得小李在不斷吞吐蛞蝓大人!!
吞入
吞入
……
漲大
漲大
什…什麼～～!!
デー
亂七八糟的…
但這樣一來小李就不能迅速移動了!
那是剛才那酒!!
至少要保住那瓶酒…
不過要是現在攻擊小李的話酒肯定會被打破的……
綱…綱手大人!
火影酒

痛天連腳!!
ドドドドドドーン
ケロゲロ
ゲロ
噁啊啊——!!
七竅流蛞蝓!!
ウイィィイ..
……啊……
綱…綱手大人…爲什麼…
我們明明毀了賞花大會…
還把您寶貴的酒…
タッ
ボボン
ボン
抽搐
抽搐
…總算讓小李停下來了…
!
……
酒再買就可以了……
重要的是誰都沒有受傷……
酒
這次的賞花大會我並非只是單純地想喝酒…
有的時候我也要近距離地看看…
不斷成長的值得信賴的木葉的孩子們…
所以……
綱…綱手大人最後的酒卻被~~~!!
ザッ
ザッ
グイッ
小李要被暴打一頓了……!!

所以 賞花大會
對我來說…
是如同
S級任務一般
重要的事喲…
雖然…
今天的賞花大會
不盡圓滿…
我卻
很開心…
…綱…
綱手大人…

…對不起
綱手大人…
都是因為我
賞花大會才
變得亂七八糟
…
為了
綱手大人
我們一定要
好好打掃!
噢!
ドッ
打掃的幹勁
也過足了吧!!
螺旋手裡劍!!
蝶彈爆擊!!
ガッ
牙狼牙!!
ズガッ
哇噠—!!
バゴゥ
ドッ
ヒュオオ…
ガーン
乾淨得蕩然無存
不留一點痕跡!!
做過火啦
你們這群白癡!!
ゴッ
唔哇!!
ドッ
果然還是這種結果…
櫻花要小心呵護!!
ロック・リーの青春フルパワー忍伝
五月號
待續!!

火影